단숨에 읽는 구속사
救贖史

단숨에 읽는 **구속사**

© 생명의말씀사 2017

2017년 7월 28일 1판 1쇄 발행
2020년 1월 17일　　　 3쇄 발행

펴낸이 | 김재권
펴낸곳 | 생명의말씀사

등록 | 1962. 1. 10. No.300-1962-1
주소 | 서울시 종로구 경희궁1길 5-9(03176)
전화 | 02)738-6555(본사) · 02)3159-7979(영업)
팩스 | 02)739-3824(본사) · 080-022-8585(영업)

지은이 | 김창영, 김홍만

기획편집 | 유선영, 장주연
디자인 | 박소정
인쇄 | 영진문원
제본 | 정문바인텍

ISBN 978-89-04-16599-5 (03230)

저작권자의 허락없이 이 책의 일부 또는 전체를
무단 복제, 전재, 발췌하면 저작권법에 의해 처벌을 받습니다.

단숨에 읽는 구속사
救贖史

김창영 · 김홍만 지음

생명의말씀사

contents

● 저자 서문 성경은 구원 이야기다! · 7

Part 1 창조 시대 . 13
1. 창조 | 2. 인간 창조 | 3. 타락 | 4. 죄의 확장 | 5. 홍수 심판 | 6. 바벨탑의 언어 혼란 심판

Part 2 이스라엘 민족 시대 . 39
7. 아브라함을 부르심 | 8. 이스라엘 민족 | 9. 가나안 정복 | 10. 사사 시대

Part 3 선지자 시대 . 59
11. 선지자 시대의 개막 | 12. 선지자 다윗 | 13. 분열 왕국과 선지자들 | 14. 포로기 이후의 선지자들

단숨에
읽는
구속사

Part 4 그리스도 예수 시대 . 79

15. 이 땅에 오신 그리스도 | 16. 세례 요한의 증거 | 17. 마귀에게 시험 받으심 | 18. 가나 혼인 잔치 | 19. 성전 청결 사건 | 20. 거듭남을 가르치심 | 21. 인자의 들리심 | 22. 갈릴리 사역 | 23. 중풍병자를 고치심 | 24. 산상수훈 | 25. 그리스도의 초청 | 26. 오병이어 기적 | 27. 베드로의 신앙고백 | 28. 변화산 사건 | 29. 예루살렘 입성 | 30. 성령에 대한 가르침 | 31. 산헤드린 공회에서 심문당하심 | 32. 십자가의 죽음 | 33. 부활 | 34. 승천과 등극

Part 5 교회 시대 . 149

35. 교회의 시작 | 36. 사도들의 가르침 | 37. 이방 선교 | 38. 다시 오실 그리스도

● **맺음말** 성경대로 구원받자! · 165

저자 서문
성경은 구원 이야기다!

사람이 어떻게 하면 하나님을 알 수 있을까요?

자연을 보면 알까요? 지혜를 추구하면 알 수 있을까요?

아니면 인간의 내면을 이해하거나 우주를 관찰하면 하나님이 보일까요?

인간은 자신의 존재 심연에서 이 세상을 지배하는 어떤 절대적인 힘이나 신의 존재를 감지할 수 있습니다. 역사를 살펴보면 인간이 그 힘이나 신의 존재를 찾고 의지하고자 하는 산물로 종교가 생겨났음을 알 수 있습니다. 세상의 종교들은 유한한 존재인 인간이 무한한 존재인 신을 찾은 결과입니다.

그렇다면 기독교는 이런 종교들과 무엇이, 어떻게 다를까요?

기독교는 사람이 하나님을 찾은 것이 아니라 하나님이 사람을 찾으셨다고 가르칩니다. 하나님이 먼저 죄인인 사람을 찾으셨습니다. 아담과 하와는 죄를 짓자 자신들이 벗은 줄 알게 되었습니다. 그래서 그들은 무화과나무 잎을 엮어 치마를 만들어 입었습니다. 그러고는 하나님의 낯을 피해 동산 나무 사이에 숨었습니다. 이때 하나님이 찾아와 아담을 부르셨습니다.

네가 어디 있느냐(창 3:9).

죄를 지어 죽을 수밖에 없는 인간, 사망의 굴레에 갇힌 불쌍한 인간을 구원하시려고 하나님이 먼저 찾아오시고 말씀으로 그를 부르신 것이었습니다.

지금도 마찬가지입니다. 하나님은 인간을 구원하시려고 먼저 자신을 드러내 말씀하십니다. 우리는 성경에서 자신을 분명하게 드러내시는 하나님을 만날 수 있습니다. 성경은 하나님의 자기 계시입니다. 따라서 구원을 받으려면 성경을 통해 말씀하시는 하나님을 만나야 합니다. 성경 이외에 하나님을 구원자로 만날 다른 방법은 없습니다. 성경을 읽으면서 하나님이 가르치시는 구원의 도道가 무엇인지, 그 내용을 알아야 합니다. 그래야 성경이 우리를 구원하시는 하나님의 말씀이 됩니다.

신구약 성경 66권은 일점일획도 틀림이 없는 하나님의 말씀, 곧 우리를 구원하시는 하나님의 자기 계시입니다. 하나님은 성경을 통해, 성경 안에서, 성경만으로 자신을 완전 충족하게 나타내십니다.

성경은 죄인인 인간을 구원하시는 하나님의 구원책입니다. 창세기부터 요한계시록까지, 성경의 모든 장에서 하나님이 그리스도 예수 안에서 이루고자 하시는 구원의 도, 즉 영생에 이르는 길을 발견해야 합니다. 예수님은 성경에 대해 친히 이렇게 말씀하셨습니다.

너희가 성경에서 영생을 얻는 줄 생각하고 성경을 연구하거니와 이 성경이 곧 내게 대하여 증언하는 것이니라(요 5:39).

성경은 우리에게 영생을 얻게 하는 유일한 길로서 그리스도를 증거하고 있습니다. 성경의 모든 역사는 그리스도와 관계있고, 또한 그리스도께로 집약되기 때문에 성경 전체의 중심은 예수 그리스도이십니다.

오늘날 사람들은 성경을 가지고 다니지만 잘 읽지 않고, 읽어도 그 뜻을 잘 모릅니다. 영생을 얻으려면 반드시 성경을 읽되, 그 뜻을 바로 이해해야 합니다. 왜냐하면 성경은 사람들이 기록한 것이지만 "사람의 뜻으로 낸 것이 아니요 오직 성령의 감동하심을 받은 사람들이 하나님께 받아 말한 것"(벧후 1:21)이기 때문입니다.

오직 성령이 주시는 조명照明의 은혜를 받아서 성경을 읽어야 비로소 성경이 하나님의 계시로 이해되며, 마음이 열려 믿어지며, 또한 구원에 이르게 하는 능력이 됩니다. 따라서 성경의 모든 장, 모든 절에서 구원의 진리를 말씀하시는 예수 그리스도를 만나야 합니다. 성경을 읽지 않는다는 말은 곧 영생을 주시는 예수님께 나아가지 않는다는 말과 같습니다.

> 그러나 너희가 영생을 얻기 위하여 내게 오기를 원하지 아니하는도다(요 5:40).

저희는 성경이 사라져 가는 한국 교회, 성경이 증거하는 구원의 도가 등한시되는 조국 교회를 안타까운 심정으로 바라보며 이 책을 썼습니다. 읽는 매 페이지마다 구속주救贖主이신 예수 그리스도를 발견하게 되기를 소원했습니다.

이 책은 성경 전체의 주제인 "하나님이 그리스도 예수 안에서 이루시는 구속"을 세상의 시공간 속, 즉 역사歷史 속에서 전개되는 과정에 맞추어 창세기부터 요한계시록까지 다섯 시대(창조 시대-이스라엘 민족 시대-선지자 시대-그리스도 예수 시대-교회 시대)로 나누어 그 핵심 내용을 쉽게 간추렸습니다.

 다섯 시대는 성경 전체에 흐르는 하나님의 구속사救贖史 전개 과정에서 큰 획을 그은 주요 사건들을 토대로 시대별로 구분한 것입니다. 이렇게 구분한 다섯 시대는 각 시대마다 가지는 독특한 구속사적 특징이 있습니다. 하지만 결국에는 '이 모든 날 마지막에 아들을 통해 우리에게 말씀하신 것'과 동일한 것을 증거한 것입니다(히 1:2). 그것은 바로 성경 전체에 흐르는 구속사의 절정이요, 완성이신 구속주 예수 그리스도에 대한 증거입니다.

 이 책이 현대인들의 바쁜 삶 속에서 오직 성경으로 영생에 이르는 유일한 길이신 예수 그리스도를 발견하는 데 도움이 되기를 바랍니다. 또한 성경이 증거하는 바른 방법으로 구원을 받아서 천국에 들어가되, 넉넉히 들어가는 조국 교회의 성도님들이 되시기를 간절히 소원합니다.

_김창영 Ph.D · 김홍만 Ph.D

단숨에
읽는
구속사 救贖史

구속사로 간추린 성경 이야기

하나님은 자신의 기쁘신 뜻대로 세상의 모든 것을 창조하셨습니다. 인간은 모든 피조물의 대리 통치자로서 하나님의 형상을 따라 창조되었습니다. 그러나 인간은 하나님과 맺은 행위 언약을 깨고 범죄했습니다. 타락으로 인간에게 죽음이 내려졌습니다. 그러나 하나님은 타락한 인간에게 여자의 후손을 통해 구속자를 보내서서 구원하는 은혜 언약을 선포하셨습니다. 세상과 인간에게 들어온 죄는 인간이 인간을 죽이는 가인의 살인 사건에서 하나님께 대항한 바벨탑 사건까지 계속 확장되었습니다. 결국 하나님은 홍수를 통해 세상을 심판하셨으나 노아와 언약을 맺으시고 구원의 은혜를 베푸셨습니다. 이와 같이 창조 시대는 성경 전체에 흐르는 구속사의 기원과 근본 원리를 보여 줍니다.

PART 1
창조 시대

1
창조

▶ 빛의 창조(창 1:3)

태초에 하나님이 천지를 창조하시니라(창 1:1).

성경은 위대하신 하나님, 한 분이시지만 성부, 성자, 성령 삼위로 존재하시는 하나님이 세상과 만물을 창조하신 이야기부터 시작합니다.

창조는 하늘과 땅에 존재하는 모든 것의 근원이 아버지 하나님께 있음을 말합니다. 또한 창조주의 능력을 보여 줍니다.

하나님의 아들은 아버지와 함께 우주와 그 안의 모든 것을 창조하셨습니다. 하나님의 아들 없이는 모든 것이 존재할 수 없었습니다.

이 아들을 만유의 상속자로 세우시고 또 그로 말미암아 모든 세계를 지으셨느니라(히 1:2).

성령 하나님은 창조의 영으로서 모든 피조물에 생명을 불어넣으셨습니다.

하나님이 "빛이 있으라"(창 1:3) 하시니 빛이 있었습니다. 이는 말씀의 능력을 보여 줍니다. 우주의 모든 것이 말씀으로 창조되어 하늘과 빈 땅에 가득 찼습니다. 이는 하나님의 부요함을 나타냅니다.

하나님이 태양, 달, 별들을 만드셨습니다. 이 피조물들은 빛을 비추면서 절기를 나타냈고, 하나님이 만드신 의도대로 기능했습니다. 이 기능들은 결코 실패한 적이 없었습니다.

하나님은 물에는 물고기가, 공중에는 새들이 번성하도록 명령하셨습니다. 이들의 숫자는 셀 수 없었습니다. 이는 하나님의 지혜를 나타냅니다. 또한 하나님의 무한한 능력과 신적 성품을 드러냅니다.

> 창세로부터 그의 보이지 아니하는 것들 곧 그의 영원하신 능력과 신성이 그가 만드신 만물에 분명히 보여 알려졌나니 (롬 1:20).

하나님이 만드신 모든 것을 볼 때 인간은 자신이 한계를 지닌 존재임을 깨닫습니다. 무한하신 하나님을 찾고, 알고 싶어집니다. 왜냐하면 모든 피조물 안에 하나님의 섭리가 있기 때문입니다.

> 하나님이 모든 것을 지으시되 때를 따라 아름답게 하셨고 또 사람들에게는 영원을 사모하는 마음을 주셨느니라(전 3:11).

하나님을 알게 되면 하나님을 예배하고자 하는 열망이 일어납니다. 하나님께 은혜를 구하고자 하는 마음도 생깁니다.

온 우주가 하나님으로부터 창조되었다는 사실을 깨달은 사람은 모두 오직 한 분이시며 삼위로 존재하시는 하나님을 예배하게 됩니다.

성경의 하나님은 이스라엘 민족만의 하나님이 아니십니다. 모든 민족이 하나님을 찾고 경배해야 하며, 전능하신 하나님을 믿고 신뢰해야 합니다.

세상에는 스스로 신이라 하거나 사람들이 신이라 부르며 따르는 거짓 신들이 있습니다. 이로부터 많은 종교가 생겨났습니다. 그러나 이 모두가 인간의 상상력으로 만들어진 것에 불과합니다.

오직 성경만이 온 우주와 그 안의 모든 것이 창조주 하나님에 의해 만들어졌다고 말합니다. 그분만이 모든 사람이 예배해야 할 유일한 참 신이십니다. 그분만이 오직 성경만을 통해서 말씀하시는 하나님입니다.

우상을 새기거나 사람과 새와 짐승의 형상을 만들어 놓고 절하는 자들은 불의로 진리를 막는 자들입니다. 피조물을 창조주 하나님보다 더 경배해서는 안 됩니다.

너는 나 외에는 다른 신들을 네게 두지 말라 너를 위하여 새긴 우상을 만들지 말고 또 위로 하늘에 있는 것이나 아래로 땅에 있는 것이나 땅 아래 물속에 있는 것의 어떤 형상도 만들지 말며 그것들에게 절하지 말며 그것들을 섬기지 말라(출 20:3-5).

2
인간 창조

▶ 하와의 창조(창 2:21-23)

하나님은 모든 피조물 가운데 사람을 맨 마지막에 만드시고 그에게 특별한 은혜를 베푸셨습니다.

하나님이 자기 형상 곧 하나님의 형상대로 사람을 창조하시되 남자와 여자를 창조하시고(창 1:27).

하나님은 사람을 다른 피조물과 구별해 자신의 형상을 따라 만드셨습니다. 사람을 하나님의 형상으로 만드신 이유는 하나님과 지적인 관계와 특별한 영적 관계를 가질 수 있게 하시기 위해서였습니다. 그래서 사람은 영혼을 가진 영적인 존재로 만들어졌습니다.

하나님은 사람을 남자와 여자로 구분해 만드시고, 그들에게 복을 주시고, 그분이 만드신 이 땅에서 생육하고 번성하라고 명령하셨습니다.

생육하고 번성하여 땅에 충만하라, 땅을 정복하라, 바다의 물고기와 하늘의 새와 땅에 움직이는 모든 생물을 다스리라 하시니라(창 1:28).

이는 사람에게 하나님의 이름과 하나님이 하신 일을 온 땅에 퍼뜨리라는 임무를 부여하신 것이었습니다. 그래서 생육하여 번성한 사회가 하나님을 아는 지식이 넘치는 사회, 하나님의 의로움을 실천하고 인애를 베푸는 사회가 되게 하시려는 것이 하나님의 목표였습니다.

하나님은 아담과 하와가 에덴동산에서 어느 것 하나 부족함 없이 행복한 삶을 살도록 복을 주셨습니다. 그리고 하나님은 아담에게 계명을 주시어 그 계명 아래서 살아가도록 하셨습니다. 하나님이 주신 계명은 선악을 알게 하는 나무의 열매를 먹지 말라는 것이었으며, 만약 이 계명을 어겨 그것을 먹는 날에는 죽을 것이라 경고하셨습니다.

> 선악을 알게 하는 나무의 열매는 먹지 말라 네가 먹는 날에는 반드시 죽으리라 하시니라(창 2:17).

선악을 알게 하는 나무의 열매를 먹지 말라고 명령하신 것은 창조주 하나님으로서 마땅히 자신의 피조물에게 명령하실 수 있는 것이었습니다. 또한 하나님의 계명을 순종하는 한, 아담과 하와가 에덴동산에서 생명나무의 열매를 먹으면서 영생하는 은혜를 받게 하시려는 것이었습니다.

더욱이 사람은 하나님의 형상으로 지음 받았기 때문에 지식과 의로움, 거룩함으로 계명을 지킬 수 있었습니다. 또한 하나님은 사람에게 자유의지를 주셔서 자발적으로 계명을 지키도록 하셨습니다. 이는 인간에게 특별히 부여하신, 하나님의 영광을 지속적으로 나타내는 중요한 임무였습니다.

결국 사람은 하나님이 베풀어 주신 은혜에 감사하며 마음을 다하고, 성품을 다하고, 뜻을 다해 하나님을 사랑하고, 하나님이 주신 계명을 지키도록 지음 받았습니다.

하나님이 사람과 맺으신 약속을 '행위 언약'이라 합니다. 사람은 하나님의 계명에 행위를 통해 순종함으로 하나님과 맺은 언약을 지켜야 했으며, 그렇게 할 때 에덴동산에서 생명나무의 열매를 먹으면서 영생하는 은혜를 누릴 수 있었습니다.

3
타락

▶ 에덴동산에서 쫓겨난 아담과 하와(창 3:24)

여호와 하나님이 그 사람을 이끌어 에덴동산에 두어 그것을 경작하며 지키게 하시고(창 2:15).

하나님은 아담에게 그를 대적하는 원수의 존재를 암시하시고, 하나님이 지으신 세계를 지킴으로써 그를 경계할 것을 명령하셨습니다.

하나님을 대적하는 원수를 '사탄' 또는 '마귀'라고 하는데, 원래 하나님을 섬기던 천사였습니다. 사탄은 하나님께 반역해 자신이 가졌던 하늘에서의 지위에서 쫓겨났고, 자신을 따르는 수하들을 데리고 하나님이 창조하신 사람을 유혹했습니다. 그의 목적은 하나님 편에 있는 사람을 자신의 편으로 만들어 하나님께 대항하는 것이었습니다.

사탄은 하와에게 다가가 하나님의 말씀을 교묘히 왜곡한 거짓말로 유혹했습니다. 사탄의 거짓말은 하나님의 주主 되심을 부정하게 하는 공격이었습니다. 특별히 그는 하나님의 말씀을 의심하게 해 계명을 어기도록 해서 하나님이 먹지 말라고 하신 선악을 알게 하는 나무의 열매를 따 먹도록 유도했습니다.

뱀이 여자에게 이르되 너희가 결코 죽지 아니하리라 너희가 그것을 먹는 날에는 너희 눈이 밝아져 하나님과 같이 되어 선악을 알 줄 하나님이 아심이니라(창 3:4-5).

마귀는 하와로 하여금 하나님의 경고와 심판을 잊어버리게 했습니다. 하와는 마귀의 유혹에 교만해졌으며, 하나님같이 되고자 하는 욕망으로 하나님이 먹지 말라고 하신 선악을 알게 하는 나무의 열매를 따 먹었습니다. 그리고 아담에게도 먹게 했습니다. 이로써 최초의 인류인 아담과 하와는 하나님의 계명을 어기고 죄를 짓게 되었습니다.

이것이 사람과 세상의 모든 죄의 근원으로서, '원죄'라고 합니다. 아담과 하와의 하나님의 말씀에 대한 불순종과 하나님에 대한 반역으로 말미암아 모든 인류에게 죄가 들어왔습니다. 이것이 "왜 사람이 죽는가?"에 대한 답변입니다.

> 그러므로 한 사람으로 말미암아 죄가 세상에 들어오고 죄로 말미암아 사망이 들어왔나니 이와 같이 모든 사람이 죄를 지었으므로 사망이 모든 사람에게 이르렀느니라(롬 5:12).

아담과 하와는 죄를 지은 후에 수치심을 느꼈습니다. 무화과나무 잎으로 자신들의 수치심을 가렸습니다. 이것이 죄가 사람에게 들어온 결과였습니다. 이때부터 사람은 자신의 행위로 죄를 가리는 노력을 하게 되었습니다. 이는 인간 스스로 자신의 죄 문제를 해결하려는 모든 자력 구원 노력의 근원입니다.

그러나 사람은 자신의 행위로 자신의 죄를 속하거나 가릴 수 없었습니다. 따라서 하나님이 아담과 하와에게 나타나셔서 그들의 죄가 무엇인지 분명히 드러내셨습니다. 하나님은 이제 인류가 악과 죄의 세력에 시달릴 것과 죗값인 사망이 모든 인류에게 미칠 것을 말씀하셨고, 또한 마귀와 악의 세력을 정복할 그리스도를 약속해 주셨습니다.

내가 너로 여자와 원수가 되게 하고 네 후손도 여자의 후손과 원수가 되게 하리니 여자의 후손은 네 머리를 상하게 할 것이요 너는 그의 발꿈치를 상하게 할 것이니라(창 3:15).

그리고 그리스도를 믿어야만 죄를 속할 수 있다는 것 또한 알려 주셨습니다. 왜냐하면 죄인들은 스스로 하나님께 나아갈 수 없기 때문에 반드시 중재자가 필요하기 때문입니다. 이 방법은 하나님이 그리스도와 함께 죄인들을 구원하시기 위해 약속하신 방법이었습니다. 아버지 하나님이 택하신 백성의 죄를 용서하시고 구원하시기 위해 아들이 그들의 죄를 대신 담당하신 것이었습니다.

하나님은 아담과 하와가 그들의 죄를 가렸던 무화과나무 잎으로 만든 치마 대신에 손수 가죽옷을 지어 입히셨습니다. 죄에 대한 대속적 죽음이 필요하다는 것과 장차 예수 그리스도의 십자가를 통한 희생으로 인간의 죄를 속하실 것을 미리 보여 주신 것이었습니다.

4
죄의 확장

▶ 아벨의 죽음(창 4:8)

사람은 죄를 지음으로 선악에 대한 분별력이 어두워지고, 양심이 무감각해지기 시작했습니다. 사람의 자유의지는 죄의 노예가 되었고, 죗값으로 사람에게 죽음이 들어왔습니다.

하나님이 사람을 만들 때 부여하셨던 의로움과 거룩함은 사람에게서 상실되었고, 사람은 육신의 정욕, 안목의 정욕, 이생의 자랑에 이끌려 하나님의 계명을 무시하고 살아가기 시작했습니다.

아담 한 사람의 죄로 말미암아 아담 아래 태어난 모든 인류는 죄 가운데 살게 되었고, 그 결과로써 모든 인류는 죽음을 피해 갈 수 없게 되었습니다. 죄의 값은 사망이기 때문입니다.

죄는 하나님의 말씀에 대한 불신이며, 하나님의 나라에 대한 반역이며, 하나님의 주권에 대항하는 인간의 교만입니다. 사람은 죄로 인해 전적으로 부패한 본성을 가지고 태어나, 죄를 지어 죄인이 되어, 죄가 사망 안에서 왕 노릇 하는 세상에 사는 것입니다.

아담과 하와의 자손인 가인은 하나님께 드리는 예배에 소홀했고, 죄악된 본성에서 나오는 시기심으로 자신의 아우를 죽였습니다. 하나님이 가인의 죄를 드러내 회개할 기회를 주셨음에도 그는 회개하지 않았고, 오히려 자신의 죄를 드러내며 하나님의 은혜를 거절했습니다.

여호와께서 가인에게 이르시되 네 아우 아벨이 어디 있느냐 그가 이르되 내가 알지 못하나이다 내가 내 아우를 지키는 자니이까(창 4:9).

하나님의 은혜를 거부한 가인의 태도는 결국 모든 사람이 하나님을 떠나 자신의 탐욕을 위해 살아가게 하는 근원이 되었습니다. 사람의 죄는 더욱 발전했고, 이로 인해 탐욕과 폭력과 살인이 사회에 넘쳤습니다.

5
홍수 심판

▶ 노아의 대홍수(창 7:23)

사람들의 죄악이 관영함으로 인해 경건한 사람이 세상에 거의 없게 되었습니다.

> 여호와께서 사람의 죄악이 세상에 가득함과 그의 마음으로 생각하는 모든 계획이 항상 악할 뿐임을 보시고(창 6:5).

하나님은 자신이 지은 세계가 죄악으로 가득함을 보시고 심판하기로 작정하셨습니다. 그러나 하나님은 노아에게 은혜를 베푸셔서 그로 하나님을 찾고 순종하게 하셨습니다.

그러나 노아는 여호와께 은혜를 입었더라(창 6:8).

노아는 죄악된 본성을 따라 죄를 짓는 사람들 앞에서 경건한 삶을 살면서 의를 전파함으로 사람들의 죄악을 드러내는 선지자 역할을 했습니다.

노아는 120년간 방주를 지으면서 하나님께 회개하지 않으면 홍수 심판이 있을 것이라고 사람들에게 증거했습니다. 그러나 사람들은 노아의 증거에 귀 기울이지 않았을뿐더러 더더욱 죄를 회개하지 않았습니다. 사람들은 하나님에 대해 관심도 없었으며, 오직 자신들의 정욕적인 삶에 몰두했습니다.

홍수 전에 노아가 방주에 들어가던 날까지 사람들이 먹고 마시고 장가들고 시집가고 있으면서 홍수가 나서 그들을 다 멸하기까지 깨닫지 못하였으니(마 24:38-39).

하나님은 회개할 기회를 주었음에도 회개하지 않는 사람들을 말씀대로 심판하셨습니다. 하나님은 공의의 하나님으로서, 죄에 대해 진노하시고 반드시 그 죄를 심판하시는 분입니다.

하나님의 진노가 불의로 진리를 막는 사람들의 모든 경건하지 않음과 불의에 대하여 하늘로부터 나타나나니(롬 1:18).

하나님은 죄를 다루실 때 죄를 덮고 넘어가시는 것이 아니라 반드시 죄를 찾아 심판으로 갚으십니다. 따라서 죄에 대한 결과로써 하나님의 진리가 거부되는 곳에 임하는 하나님의 심판은 역사상 모든 시기와 모든 장소에서 계속적으로 드러납니다.

마침내 하나님은 홍수로 모든 인생을 쓸어버리시는, 죄에 대한 심판을 행하셨습니다.

노아가 육백 세 되던 해 둘째 달 곧 그달 열이렛 날이라 그날에 큰 깊음의 샘들이 터지며 하늘의 창문들이 열려 사십 주야를 비가 땅에 쏟아졌더라(창 7:11-12).

그러나 심판 가운데서 하나님은 노아와 일곱 식구를 건지셨습니다. 이들은 먼저, 하나님의 은혜를 입었고, 또한 하나님의 계명에 순종해 방주를 지어서 홍수 심판 가운데서도 생명을 건질 수 있었습니다.

믿음으로 노아는 아직 보이지 않는 일에 경고하심을 받아 경외함으로 방주를 준비하여 그 집을 구원하였으니(히 11:7).

홍수가 그치고 노아와 그의 가족은 방주에서 나왔습니다. 이들이 홍수 가운데서 생명을 구할 수 있었던 것은 전적으로 하나님의 은혜였습니다. 그들은 구원받았지만 죄를 짓지 않는 온전한 사람의 상태는 아니었습니다. 죄로 인해 부패된 본성이 여전히 그들에게 남아 있었습니다.

6
바벨탑의 언어 혼란 심판

▶ 바벨탑과 언어의 혼란(창 11:4-8)

내가 너희와 언약을 세우리니 다시는 모든 생물을 홍수로 멸하지 아니할 것이라 땅을 멸할 홍수가 다시 있지 아니하리라 (창 9:11).

홍수 심판 후 하나님은 노아와 언약을 맺으시고, 사람과 세상을 다시는 물로 심판하지 않겠다는 증거로 하늘에 무지개를 두셨습니다.

내가 내 무지개를 구름 속에 두었나니 이것이 나와 세상 사이의 언약의 증거니라(창 9:13).

노아는 하나님의 신실하심을 세상에 증거해야 했으며, 하나님의 은혜로 노아의 후손들이 땅에서 번성하기 시작했습니다. 그러나 사탄은 노아의 아들들 가운데 함을 유혹해 사람이 다시 죄에 빠지게 했습니다.

땅에서 사람들이 번성하자 그들은 벽돌과 역청으로 성읍과 탑을 건설해 자신들의 이름을 내고, 자신들의 힘으로 하나님께 도전하고자 했습니다. 이는 사람들이 만유의 주재이신 하나님의 주권을 더 이상 인정하지 않고 스스로의 권세를 행사하는, 인간이 다스리는 나라를 만들려고 했던 것입니다.

자 성읍과 탑을 건설하여 그 탑 꼭대기를 하늘에 닿게 하여 우리 이름을 내고 온 지면에 흩어짐을 면하자 하였더니(창 11:4).

이는 사탄이 철저히 인간을 이용해 하늘에 올라 하나님의 보좌를 빼앗고자 한 반란 사건이었습니다.

너 아침의 아들 계명성이여 어찌 그리 하늘에서 떨어졌으며 너 열국을 엎은 자여 어찌 그리 땅에 찍혔는고 네가 네 마음에 이르기를 내가 하늘에 올라 하나님의 뭇별 위에 내 자리를 높이리라 내가 북극 집회의 산 위에 앉으리라 가장 높은 구름에 올라가 지극히 높은 이와 같아지리라 하는도다(사 14:12-14).

하나님은 그들의 불순한 동기를 아시고, 탑을 쌓던 그들의 언어를 혼잡하게 하셔서 사람들을 온 지면에 흩으셨습니다.

이는 하나님께 도전한 사탄과 그를 따르는 인간들에 대한 하나님의 심판이었지만, 하나님은 언어별로 민족을 구성하게 하심으로 장차 그들을 향한 구속 계획을 갖고 계셨습니다. 모든 민족을 구원하고자 하시는 하나님의 놀라운 구원 계획이 바벨탑 언어 혼란 심판 사건 속에 있었던 것입니다.

단숨에 읽는 구속사

구속사로 간추린 성경 이야기

하나님이 아브라함을 택하셔서 그의 후손이 이스라엘 민족이 되게 하시고, 그들과 언약을 맺으시고, 율법을 주시고, 또한 가나안을 정복하게 하신 것은 세상에서 그들만 구원하시려는 것이 결코 아니었습니다. 다만 그들을 복음 선포의 도구로 삼아서 천하 만민 가운데 믿는 자들이 구원을 얻게 하시고, 또한 그들을 통해 이 세상에서 하나님을 섬기는 한 위대한 나라를 세우시기 위해서였습니다. 이스라엘은 언약을 지키지 못했지만 언약에 신실하신 하나님이 아무 자격이 없는 죄인들에게 무조건적 선택을 통해 그들을 구원해 주시는 하나님의 놀라운 은혜를 보여 주신 것이었습니다.

PART 2

이스라엘 민족 시대

7
아브라함을 부르심

▶ 가나안 땅을 향해 가는 아브람(창 12:5)

하나님께 대항하는 인간의 나라를 만들려 했던 사람들을 언어 혼잡으로 심판하신 하나님은 이 땅에 다시 하나님의 나라를 건설하시기 위해 갈대아 우르에서 이방 신을 섬기던 데라의 집안의 아들 아브람을 불러 살던 곳을 떠나게 하셨습니다.

여호와께서 아브람에게 이르시되 너는 너의 고향과 친척과 아버지의 집을 떠나 내가 네게 보여 줄 땅으로 가라 내가 너로 큰 민족을 이루고 내게 복을 주어 네 이름을 창대하게 하리니 너는 복이 될지라 너를 축복하는 자에게는 내가 복을 내리고 너를 저주하는 자에게는 내가 저주하리니 땅의 모든 족속이 너로 말미암아 복을 얻을 것이라 하신지라(창 12:1-3).

이는 하나님이 아브람에게 그를 통해 이루고자 하시는 하나님의 경륜을 표명하신 것으로서, 앞으로 전개될 아브람의 생애와 그의 후손들에 의해 이어질 구속 역사의 본질을 나타내신 것입니다.

하나님은 아브람을 통해 한 나라를 세우시고, 그 나라를 축복해 그 나라로 하여금 세상의 모든 민족에게 하나님을 아는 지식을 전달하고, 하나님을 예배하도록 하시기 위해서 선교의 도구로 아브람을 부르신 것이었습니다. 즉 하나님은 아브람을 불러서 민족을 만드시되, 하나님을 아는 지식을 가진 민족으로 만드시고, 그 민족으로 선교하게 하셔서 모든 민족이 하나님을 알고 하나님을 예배하게 하려고 하셨습니다.

하나님은 아브람의 이름을 '아브라함'으로 바꾸시고 그 이름을 창대하게 하겠다고 약속하셨는데, 이는 그를 통해 하나님을 모든 민족 앞에 드러내시기 위한 목적이었습니다.

이제 후로는 네 이름을 아브람이라 하지 아니하고 아브라함이라 하리니 이는 내가 너를 여러 민족의 아버지가 되게 함이니라 내가 너로 심히 번성하게 하리니 내가 네게서 민족들이 나게 하며 왕들이 네게로부터 나오리라 내가 내 언약을 나와 너 및 네 대대 후손 사이에 세워서 영원한 언약을 삼고 너와 네 후손의 하나님이 되리라(창 17:5-7).

아브라함은 민족들을 위해 기도하는 선교 사역을 담당했습니다. 하나님은 아브라함에게 장차 그리스도를 통해서 모든 민족이 하나님께 돌아와 그분의 백성이 될 것이라는 구원의 계획을 미리 알려 주시고, 그리스도를 보낼 것을 약속하셨습니다.

아브라함이 바랄 수 없는 중에 바라고 믿었으니 이는 네 후손이 이 같으리라 하신 말씀대로 많은 민족의 조상이 되게 하려 하심이라(롬 4:18).

아브라함은 하나님의 약속을 믿음으로써 하나님으로부터 의롭다 여김을 받았고, 동일한 믿음으로 말미암아 하나님으로부터 의롭다 여김을 받는 모든 믿는 자의 조상이 되었습니다.

약속하신 그것을 또한 능히 이루실 줄을 확신하였으니 그러므로 그것이 그에게 의로 여겨졌느니라 그에게 의로 여겨졌다 기록된 것은 아브라함만 위한 것이 아니요 의로 여기심을 받을 우리도 위함이니 곧 예수 우리 주를 죽은 자 가운데서 살리신 이를 믿는 자니라(롬 4:21-24).

8
이스라엘 민족

▶ 시내 산에서 율법을 주심(출 20:1-17)

하나님은 아브라함에게 자손의 번성과 땅의 유업을 약속하셨습니다. 아브라함과 그의 후손을 하나님을 믿는 민족으로 만드셔서 하나님을 모르는 많은 민족에게 하나님을 아는 지식과 하나님이 하시는 일, 구원의 경륜을 역사 속에서 펼쳐 나가시는 것이 무엇인지를 가르치시기 위해서였습니다.

이 목적을 위해 아브라함의 후손인 이삭, 야곱, 요셉으로 이어지는 족장 시대를 거치게 하신 다음 나라를 만드셨습니다.

이삭과 야곱과 요셉은 하나님이 베푸신 놀라운 구원을 경험했습니다. 또한 그들의 자손들은 하나님이 베푸신 은혜로 이집트에서 수많은 인구를 갖게 되었고, 마침내 '이스라엘'이라 불리는 민족이 되었습니다.

그러나 요셉을 모르는 왕들이 일어나서 이스라엘 민족은 이집트 땅에서 종의 신분으로 전락했습니다. 하나님은 고통 가운데 있던 이스라엘 민족을 이집트 땅에서 해방시키셔서 가나안으로 옮기겠다는 약속을 실행하셨습니다.

이스라엘 민족은 이집트에서 탈출하는 사건, 즉 출애굽 사건을 통해 하나님의 구원의 능력을 경험했습니다. 전능하신 하나님의 능력으로 갈라진 홍해를 건너면서 하나님이 얼마나 위대하시며, 또한 하나님이 베푸시는 구원이 얼마나 놀라운지를 체험했습니다.

그래서 이스라엘은 아브라함, 이삭, 야곱의 하나님이 약속을 지키시는 하나님, 온 우주의 하나님이심을 알게 되었습니다. 또한 어떤 다른 거짓 신들과도 비교할 수 없는 세상의 왕이시며 구원자이신 여호와 하나님을 경험했습니다.

강력한 구원을 경험한 이스라엘 민족은 시내 산으로 인도받아서 하나님과 언약을 맺게 되었습니다. 하나님은 이스라엘 민족을 '제사장 나라'요, '거룩한 백성'이라고 하셨습니다. 이는 그들이 하나님의 소유가 되었으며, 다른 나라의 백성과 구별되어 하나님을 영화롭게 해야 하며, 하나님의 백성으로서 하나님께 전적으로 헌신해야 함을 의미했습니다.

> 너희가 내 말을 잘 듣고 내 언약을 지키면 너희는 모든 민족 중에서 내 소유가 되겠고 너희가 내게 대하여 제사장 나라가 되며 거룩한 백성이 되리라(출 19:5-6).

그리고 이스라엘은 모세를 통해 하나님으로부터 율법을 받았습니다. 즉 이스라엘은 하나님의 백성으로서 하나님의 계명을 지키며, 계명에 순종함으로써 하나님으로부터 복을 받고, 또한 이 세상에서 거룩한 백성의 특징을 드러내야 했습니다.

> 이는 곧 너희의 하나님 여호와께서 너희에게 가르치라고 명하신 명령과 규례와 법도라 너희가 건너가서 차지할 땅에서 행할 것이니 곧 너와 네 아들과 네 손자들이 평생에 네 하나님 여호와를 경외하며 내가 너희에게 명한 그 모든 규례와 명

령을 지키게 하기 위한 것이며 또 네 날을 장구하게 하기 위한 것이라 이스라엘아 듣고 삼가 그것을 행하라(신 6:1-3).

이제 이스라엘 민족은 모든 민족 앞에 제사장 나라로서 다른 민족들에게 하나님을 증거하고, 다른 민족들이 하나님께 나아와 은혜를 구하게 하는 도구가 되었던 것입니다. 하나님이 이스라엘 백성을 이렇게 구별하신 것은 그들만의 하나님이 되시기 위한 것이 아니라, 모든 민족이 이스라엘의 하나님을 온 세상의 하나님으로 인정하고 하나님의 통치 아래로 들어오게 하시기 위한 것이었습니다.

하나님은 특정 민족의 하나님이 아니라, 모든 민족의 하나님이십니다. 어느 민족이든지 하나님을 아는 지식을 얻고, 자신의 죄를 깨달아, 하나님께 나아와 용서를 구하는 자는 구원을 얻어 이 세상에서 하나님의 백성이 될 수 있습니다.

이스라엘 민족은 하나님으로부터 제사 제도를 받았습니다. 그들은 죄를 지었을 때 반드시 속죄를 위해 제사를 드려야 했으며, 왕이신 하나님 앞에 예물을 드려 헌신과 감사를 표하도록 명령을 받았습니다. 이스라엘 민족은 하나님이 주신 율법을 통해서 죄를 깨닫고, 회개의 필요성을 알며, 율법을 따라 행함으로 하나님의 거룩한 구별된 백성의 표식을 나타내도록 요구받았습니다. 따라서 이스라엘 백성은 창조주이시며 구속주이신 하나님을 예배해야 하고, 주의 계명대로 살아가야 하며, 우상을 섬기는 것이 매우 심각한 죄라는 것을 깨닫게 되었습니다.

모세는 이스라엘 백성을 이끌고 이집트에서 나와 홍해를 건너 광야로 인도했습니다. 모세는 이스라엘 백성을 이끌면서 사람들의 내면에 깊이 자리 잡은 죄악된 본성과 부패성, 그리고 불순종으로 어려움을 겪었습니다.

모세는 아론을 세워 제사장의 직무를 담당하게 했고, 자신은 하나님의 뜻을 전달하는 선지자의 직무를 담당했습니다. 하나님의 백성인 이스라엘로 하여금 하나님을 올바로 예배하게 하고, 하나님의 뜻을 잘 깨달아 순종하게 하는 데 필요한 직무였습니다.

그러나 이스라엘 백성은 계속 죄를 지었으며, 하나님의 말씀에 불순종했습니다. 그래서 모세는 하나님이 자신보다 훨씬 뛰어난 선지자를 세워서 이스라엘 백성에게 하나님의 뜻을 더욱 분명히 깨닫게 해주실 것이라고 예언했습니다.

> 네 하나님 여호와께서 너희 가운데 네 형제 중에서 너를 위하여 나와 같은 선지자 하나를 일으키시리니 너희는 그의 말을 들을지니라(신 18:15).

모세의 예언은 앞으로 오실 그리스도를 바라보는 것인데, 그리스도께서 하나님의 아들로서 죄인들에게 하나님께 나아갈 수 있는 길을 가르쳐 주시고, 실제로 하나님께 나아갈 길을 제공하기 위해서 이 땅에 오신다는 것이었습니다.

모세는 이스라엘 백성의 부패되고 쉽게 변질되는 마음을 알고 성령이 사람들의 심령을 변화시키시고 영적인 성질을 마음에 심어 두시는 거듭남이 필요하다고 설교했습니다.

> 네 하나님 여호와께서 네 마음과 네 자손의 마음에 할례를 베푸사 너로 마음을 다하며 뜻을 다하여 네 하나님 여호와를 사랑하게 하사 너로 생명을 얻게 하실 것이며(신 30:6).

사람은 부패된 심령으로는 하나님을 예배할 수도 없고, 순종할 수도 없습니다. 오직 심령이 새롭게 변화되어야만 하나님의 말씀에 집중하고, 기꺼이 순종할 수 있습니다.

이스라엘의 삶은 아직 하나님을 모르는 민족 앞에서 이스라엘의 배후에 하나님이 계신다는 것을 인정하게 하고, 그들로 하나님을 찾고 구하게 하려는 것이 목적이었습니다. 왜냐하면 이스라엘이 기도할 때 하나님이 응답하심으로 주위에 있는 민족들이 하나님이 살아 계신다는 것을 알 수 있었기 때문입니다.

따라서 하나님은 하나님을 아는 지식으로 하나님께 은혜를 구하는 자에게 기꺼이 이스라엘 백성과 똑같이 은혜를 베풀어 주시는 모든 민족의 하나님이라는 사실을 알리셨습니다. 이것이 바로 하나님이 이스라엘 민족뿐만 아니라 역사 속에서 그분의 백성을 택하신 이유였습니다.

너희는 택하신 족속이요 왕 같은 제사장들이요 거룩한 나라요 그의 소유가 된 백성이니 이는 너희를 어두운 데서 불러 내어 그의 기이한 빛에 들어가게 하신 이의 아름다운 덕을 선포하게 하려 하심이라 너희가 전에는 백성이 아니더니 이제는 하나님의 백성이요 전에는 긍휼을 얻지 못하였더니 이제는 긍휼을 얻은 자니라(벧전 2:9-10).

9
가나안 정복

▶ 약속의 땅에서 돌아온
정탐꾼들(민 13:25–27)

민족을 이룬 이스라엘 백성은 모세의 뒤를 이어 지도자가 된 여호수아를 중심으로 가나안 민족들을 정복하라는 하나님의 명령을 받았습니다. 그리고 모세와 함께하셨던 하나님이 이제는 여호수아와 함께하겠다고 약속하셨습니다.

내가 네게 명령한 것이 아니냐 강하고 담대하라 두려워하지 말며 놀라지 말라 네가 어디로 가든지 네 하나님 여호와가 너와 함께하느니라(수 1:9).

하나님은 이스라엘만 사랑하시고 가나안의 민족들은 미워해 그들을 정복하라는 명령을 내리신 것이 아니었습니다. 가나안 민족들도 마땅히 하나님을 섬기고 예배해야 했습니다. 하지만 그들은 우상을 섬겼고, 도덕적으로 부패했고, 하나님을 찾지도 않았습니다. 따라서 하나님은 가나안 민족들의 죄악을 공의로 심판하셨던 것입니다. 이스라엘은 다만 심판의 도구였습니다.

물론 이스라엘은 가나안 민족들을 정복하고, 그들에게 공의로우신 하나님을 나타낼 뿐만 아니라, 거룩하신 하나님을 드러내야 했습니다. 이스라엘은 죄 가운데 살아갈 수 없으며, 하나님이 택하신 백성으로서 이방 민족들 가운데서 하나님의 백성의 구별된 외적 표시들을 나타내야 했습니다.

따라서 가나안 정복은 이스라엘의 전쟁 전략의 탁월함이나 무기의 우수성으로 이루어진 것이 아니라 오직 하나님의 말씀대로 수행된, 하나님이 싸우신 전쟁이었습니다.

> 너희의 하나님 여호와께서 너희를 위하여 이 모든 나라에 행하신 일을 너희가 다 보았거니와 너희의 하나님 여호와 그는 너희를 위하여 싸우신 이시니라(수 23:3).

가나안 정복 전쟁은 하나님을 부정하고, 하나님 앞에 나아와 예배드리기를 거부하는 자들에 대해서 하나님이 심판하시는 것을 보여 준 사건입니다. 하나님은 그들이 회개하기를 기다리셨지만 그들은 회개하지 않았고, 오히려 계속 죄를 지었습니다. 그래서 하나님은 그들의 죄에 대해 심판하심으로 자신의 공의를 나타내신 것이었습니다.

그러나 하나님은 이러한 하나님의 심판으로부터 벗어나기 위해 구원을 찾는 자들에게는 비록 이방 사람일지라도 구원의 은혜를 베푸셨습니다. 가나안 정복 시작 즈음에 이스라엘의 하나님이 온 우주의 참 하나님이심을 알고, 그 하나님께 은혜를 얻기 위해 나아온 여리고 성 여인인 기생 라합은 구원을 받았습니다.

> 여호수아가 기생 라합과 그의 아버지의 가족과 그에게 속한 모든 것을 살렸으므로 그가 오늘까지 이스라엘 중에 거주하였으니 이는 여호수아가 여리고를 정탐하려고 보낸 사자들을 숨겼음이었더라(수 6:25).

라합은 이스라엘 사람 살몬과 결혼해 보아스를 낳았고, 마침내 이스라엘의 왕 다윗의 고조할머니가 되었습니다. 이 사건은 하나님은 이방 사람일지라도 하나님을 알고 그분을 찾는 자에게는 구원을 베푸시는 분이라는 사실을 보여 주었습니다.

10
사사 시대

▶ 실로의 딸들을 납치하는
베냐민 자손(삿 21:21, 23)

여호수아가 죽자 이스라엘은 강력한 영적 지도자 없이 사사들이 다스리는 시대를 맞이하게 되었습니다. 하나님의 구원의 은혜를 입은 이스라엘은 하나님의 계명과 하나님이 행하신 일들을 자손들에게 가르쳐야 했습니다. 자손들로 하여금 하나님을 예배하고, 세상에 살되 신분이 구분되고 삶이 구별된 거룩한 백성의 삶을 살게 하기 위한 것이었습니다. 이것이 하나님이 이스라엘을 그분의 백성으로 부르신 목적이었습니다.

그러나 세대가 지나면서 가나안 땅에서 살아가던 이스라엘 백성은 하나님의 계명을 무시했고, 반복되는 죄 가운데 완고해 졌으며, 마침내 하나님을 모르는 가나안의 이방 백성과 똑같은 영적 상태가 되었습니다. 하나님의 백성으로서의 거룩함과 구별을 무시하고 이방인들과 결혼했을 뿐만 아니라, 이방인들이 믿는 우상을 숭배했으며, 정욕적인 삶을 살기 시작했습니다.

이는 사사들을 통해서 지속적으로 은혜를 베푸시는 하나님의 통치를 벗어나 자기의 죄악된 본성에 따라 멋대로 사는 삶이었습니다.

> 그때에는 이스라엘에 왕이 없었으므로 사람마다 자기 소견에 옳은 대로 행하였더라(삿 17:6).

하나님은 공의의 하나님으로서, 죄를 지은 이방 민족들을 심판하시는 것과 똑같이 이스라엘을 심판하셨습니다. 이스라엘을 원수들의 손에 넘겨서 고통받게 하셨습니다. 그러나 고통 가운데 자신들의 죄를 회개하는 이스라엘 백성에게는 다시 은혜를 베푸셨습니다. 이때 이스라엘에는 영적 지도자가 없었고, 하나님의 말씀을 올바르게 가르치는 선지자도 없었기 때문에 그들은 반복해서 죄를 지었고, 혼돈과 무질서 가운데 있었습니다.

단숨에
읽는
구속사 救贖史

구속사로 간추린 성경 이야기

사사 시대의 혼란을 거치고 하나님은 선지자를 세우서서 말씀이 전파되는 시대를 여셨습니다. 그러나 이스라엘은 왕정 체제를 채택했습니다. 하나님은 다윗과 언약을 맺으심으로 훗날 다윗의 혈통에서 나실 구속주 예수 그리스도의 영원한 왕권을 약속하셨습니다. 이는 세속적 왕권을 의미하는 것이 아니었습니다. 이스라엘의 거듭된 죄악에도 불구하고 신실하신 하나님은 그들의 조상과 맺으신 언약을 잊지 않으셨습니다. 하나님은 영적 이스라엘을 회복시키시기 위해 선지자를 세워 이스라엘의 회복의 때를 예언하게 하셨습니다. 이스라엘의 회복에 대한 예언은 궁극적으로는 구속사의 중심인 메시아 시대와 그 후 만물의 회복에 대한 약속과 연결됩니다. 하나님은 이 시기에도 자신의 경륜에 따라서 구속사를 진행시키셔서 마침내 구속사의 가장 결정적인 사건이 되는 그리스도 예수 시대를 준비하셨습니다.

PART 3
선지자 시대

11
선지자 시대의 개막

▶ 벧세메스로 돌아온 법궤(삼상 6:13)

  이스라엘 백성은 하나님의 백성이라 불렸지만, 여호와를 바로 알지도 못하고 심각한 죄를 저질렀습니다. 이스라엘 사회 속에는 반복되는 죄가 계속 늘어났습니다. 영적으로나 육적으로 심각하게 무너졌습니다.

  그 증거로 가정에서는 하나님을 가르치지 않았고, 예배하지도 않았습니다. 심지어 제사장 엘리의 가정에서도 불량한 아들들이 하나님께 드린 예물을 훔쳤고, 엘리 제사장도 그들을 징계하지 않고 내버려 두는 일이 벌어졌습니다.

결국 하나님은 이를 심판하셨습니다. 그리고 이스라엘을 진정한 하나님의 백성으로 이끄시기 위해 사무엘을 선지자로 세우셨습니다.

사무엘은 기도하는 선지자였으며, 백성의 영적 상태를 돌보고, 백성의 죄를 책망하고, 회개해 하나님께 돌아서라고 외쳤습니다.

만일 너희가 전심으로 여호와께 돌아오려거든 이방 신들과 아스다롯을 너희 중에서 제거하고 너희 마음을 여호와께로 향하여 그만을 섬기라(삼상 7:3).

하나님은 자신의 백성을 올바로 인도하시기 위해서 계속 선지자들을 보내 백성이 주의 뜻을 분별하게 하시고 하나님의 말씀에 순종하도록 하셨습니다.

그럼에도 이스라엘 백성이 항상 하나님께 순종하고 계명을 지킨 것은 아니었습니다. 하나님이 주위에 있는 이방 나라들을 본받지 말라고 말씀하셨는데도 이방 나라같이 왕을 세워 달라고 사무엘에게 요청했습니다.

이스라엘 모든 장로가 모여 라마에 있는 사무엘에게 나아가서 그에게 이르되 보소서 당신은 늙고 당신의 아들들은 당신의 행위를 따르지 아니하니 모든 나라와 같이 우리에게 왕을 세워 우리를 다스리게 하소서 한지라(삼상 8:4-5).

하나님이 이스라엘의 왕이심에도 이스라엘 백성이 이방 나라들을 본받아 왕을 요구한 것에 대해 하나님은 "이는 그들이……나를 버려 자기들의 왕이 되지 못하게 함이니라"(삼상 8:7)라고 말씀하셨습니다.

그래서 사울이 왕으로 세워졌지만 그는 하나님의 말씀에 주의를 기울이지 않았고 여호와의 명령을 어겼습니다. 그는 계속 영적으로 부주의했고, 또한 불순종으로 일관했습니다. 그는 죄를 책망하는 사무엘 선지자 앞에서도 건성으로 회개한 척하며 계속 죄를 지었습니다. 이는 사람은 하나님의 백성을 다스리는 왕으로서의 직무를 감당하는 데 온전하지 못하다는 사실을 그대로 드러낸 것이었습니다.

하나님은 마침내 사울을 버리시고 이새의 아들들 가운데서 자신의 마음에 합한 다윗을 왕으로 세우셨습니다.

여호와께서 사무엘에게 이르시되 그의 용모와 키를 보지 말라 내가 이미 그를 버렸노라 내가 보는 것은 사람과 같지 아니하니 사람은 외모를 보거니와 나 여호와는 중심을 보느니라 하시더라(삼상 16:7).

하나님은 하나님의 영광을 드러내고 하나님 나라에서 올바른 종의 역할을 하는 자로 다윗을 왕으로 세우셨습니다. 다윗은 하나님의 이름을 존귀하게 하고, 나라를 견고하게 해 주위에 있는 이방 민족들에게 하나님의 통치를 증거하는 임무를 맡았습니다. 특히 다윗은 여호와만이 왕이시라는 사실과 여호와의 통치가 우주적이며, 또한 그분이 모든 나라를 다스리고 계심을 나타냄으로써 이방 나라들도 하나님께 나아와 경배하도록 했습니다.

다윗은 하나님의 통치를 실현시키는 왕으로서 이스라엘을 강성한 나라로 세우고, 계속 나라를 확장함으로 하나님의 영광을 나타내는 임무를 수행했습니다.

12
선지자 다윗

▶ 골리앗을 이긴 다윗(삼상 17:51)

다윗은 왕일 뿐만 아니라 선지자로서 백성에게 하나님의 통치와 구속 계획에 대해서 예언하고 알렸습니다. 다윗은 노래하는 자로서 성령의 감동을 받아 모든 민족의 구원에 대한 하나님의 계획을 노래로 예언했습니다.

하나님의 구속 사역으로 하나님의 나라가 진전될 때 이에 대적하는 민족들이 일어나 하나님의 통치를 거부하고 죄악된 길로 갈 것을 예언했습니다. 하나님이 그들의 계획을 헛된 것으로 만드시고, 거룩한 왕이신 그리스도를 세워서 모든 민족이 찾아와 그분께 경배하게 하실 것이며, 또한 그리스도의 다스리심 아래에 두실 것이라고 했습니다. 마침내 그들을 하나님의 말씀을 통해서 회개하게 하고 굴복시켜서 그리스도의 통치 아래로 들어가게 하실 것이라고 다윗은 예언했습니다.

> 그런즉 군왕들아 너희는 지혜를 얻으며 세상의 재판관들아 너희는 교훈을 받을지어다 여호와를 경외함으로 섬기고 떨며 즐거워할지어다 (시 2:10-11).

다윗은 하나님이 모든 민족을 향해 마음을 두고 계시며, 그들이 구원자이신 여호와 하나님 한 분을 찾고 의지할 때 구원을 얻을 것이라고 예언했습니다.

> 온 땅은 여호와를 두려워하며 세상의 모든 거민들은 그를 경외할지어다 (시 33:8).

다윗은 하나님이 모든 민족을 다스리시며 그들을 자신의 백성으로 부르신다고 했습니다.

> 온 백성은 기쁘고 즐겁게 노래할지니 주는 민족들을 공평히

심판하시며 땅 위의 나라들을 다스리실 것임이니이다 (셀라) 하나님이여 민족들이 주를 찬송하게 하시며 모든 민족으로 주를 찬송하게 하소서(시 67:4-5).

또한 다윗은 선지자로서 그리스도께서 오심으로써 유대인이나 이방인에게 똑같이 은혜에 참여하는 길이 열리며, 이방인도 하나님과 그리스도를 아는 지식을 얻게 되어 이방 신이 아무것도 아니라고 고백하게 될 것이라고 했습니다.

여호와는 위대하시니 지극히 찬양할 것이요 모든 신들보다 경외할 것임이여 만국의 모든 신들은 우상들이지만 여호와께서는 하늘을 지으셨음이로다……만국의 족속들아 영광과 권능을 여호와께 돌릴지어다 여호와께 돌릴지어다(시 96:4-7).

결국 이방인과 유대인이 하나님의 자비로운 약속으로 인해 똑같이 부름 받고, 특권을 누리며, 구원에 대해서 주님을 찬양하게 될 것이라고 다윗은 시로 예언했습니다.

온 땅이여 여호와께 즐거이 소리칠지어다 소리 내어 즐겁게 노래하며 찬송할지어다(시 98:4).

13
분열 왕국과 선지자들

▶ 이사야 선지자가 본
바벨론 멸망 환상(사 13:1)

다윗의 왕권을 이어받은 솔로몬은 성전을 건축했습니다. 그러나 이스라엘은 백성이 이방 신들의 우상을 숭배하는 것을 솔로몬이 묵인함으로써 하나님의 심판을 받아 남북 왕국으로 분열되었습니다.

북 이스라엘은 하나님의 계명을 지키지 않았으며, 단과 벧엘에 금송아지를 만들고 성소를 세움으로써 하나님에 대한 예배도 타락시켰습니다. 여로보암 이후 북 이스라엘의 왕들은 어김없이 하나님을 거역한 여로보암의 악한 행위를 답습했습니다.

하나님은 엘리야와 엘리사를 비롯해서 여러 선지자들을 보내 그 백성에게 회개하고 돌이키라고 권고하셨습니다. 하나님은 그들이 돌이키지 않으면 무서운 심판이 있을 것이라고 경고하셨으나 그들은 돌이키지 않았습니다. 결국 북 이스라엘이 앗수르에 포로로 잡혀 감으로써 먼저 멸망했습니다.

남 유다는 히스기야 왕과 요시야 왕 시대에 잠깐이나마 예배의 회복을 경험했습니다. 요시야 왕 때 예루살렘 성전을 수리하다가 여호와의 율법 책이 발견되었습니다. 그는 이스라엘 백성에게 회개하고 여호와께 돌아설 것을 요구했습니다.

왕이 단 위에 서서 여호와 앞에서 언약을 세우되 마음을 다하고 뜻을 다하여 여호와께 순종하고 그의 계명과 법도와 율례를 지켜 이 책에 기록된 이 언약의 말씀을 이루게 하리라 하매 백성이 다 그 언약을 따르기로 하니라(왕하 23:3).

요시야 왕은 바알과 아세라와 이방 신상을 숭배하던 모든 것을 폐하고, 다시 유월절을 지킴으로써 남 유다의 영적 갱신을 주도한 하나님을 섬긴 왕이었습니다.

요시야와 같이 마음을 다하며 뜻을 다하며 힘을 다하여 모세의 모든 율법을 따라 여호와께로 돌이킨 왕은 요시야 전에도 없었고 후에도 그와 같은 자가 없었더라(왕하 23:25).

그러나 요시야 왕 이후 남 유다의 왕들은 다시 조상들의 행위를 따라 여호와께서 보시기에 악을 행했고, 결국 남 유다도 바벨론에 포로로 잡혀 감으로써 멸망했습니다.

왕국 시대의 역사 속에서 하나님을 성실히 섬긴 다윗과 같은 왕은 없었습니다. 이스라엘은 다윗과 같은 선지자 역할을 하면서 동시에 왕인 지도자를 필요로 했는데, 하나님은 선지자들을 통해서 이런 왕을 보낼 것을 약속하셨습니다. 그분이 바로 그리스도 예수이십니다.

남 유다에서 선지자로 사역한 이사야는 이스라엘이 모든 민족 앞에서 하나님의 영광을 나타내는 일에 실패했다고 책망하고는 이스라엘이 포로로 끌려갈 것을 예언했습니다. 또한 주

변의 이방 나라들도 우상을 섬기며 하나님을 찾지 않으면 하나님의 심판이 있을 것이라고 선언했습니다.

그러나 이사야 선지자는 하나님이 이스라엘을 회복시키실 때 여호와 하나님을 대표하고 하나님을 위해 통치할 왕을 세우실 것 또한 예언했습니다. 이사야가 예언한 왕은 바로 그리스도이십니다.

더욱이 이사야 선지자는 하나님이 택하신 백성을 불러 모으실 때 특히 이방 나라 사람들이 하나님께 예배하기 위해서 사방에서 모일 것이라고 예언했습니다. 이를 이루실 분이 바로 여호와께서 세우시는 종, 그리스도이십니다. 이사야는 오실 그리스도께서 택하신 백성의 죄를 지고 고난과 죽음을 당하면서 구속 사역을 이루실 것이라고 예언했습니다.

그가 찔림은 우리의 허물 때문이요 그가 상함은 우리의 죄악 때문이라 그가 징계를 받으므로 우리는 평화를 누리고 그가 채찍에 맞으므로 우리는 나음을 받았도다 우리는 다 양 같아서 그릇 행하여 각기 제 길로 갔거늘 여호와께서는 우리 모두의 죄악을 그에게 담당시키셨도다(사 53:5-6).

남 유다를 향해 선지자 사역을 감당한 예레미야도 이스라엘이 포로로 끌려갈 것을 예언했으며, 그와 동시에 하나님이 그들을 회복시키셔서 하나님을 찾고 구하게 될 것이라고 약속했습니다.

북 이스라엘을 향해 선지자 사역을 감당한 에스겔은 하나님의 심판과 함께 회복의 약속을 예언했습니다. 그는 새롭게 창조되는 하나님의 백성에게는 성령이 역사하셔서 그들의 마음에서 불신앙을 제거하시고, 믿는 마음을 주셔서 그리스도를 믿게 하실 것이라고 했습니다.

또 새 영을 너희 속에 두고 새 마음을 너희에게 주되 너희 육신에서 굳은 마음을 제거하고 부드러운 마음을 줄 것이며 또 내 영을 너희 속에 두어 너희로 내 율례를 행하게 하리니 너희가 내 규례를 지켜 행할지라(겔 36:26-27).

하나님이 모든 민족으로부터 그분의 백성을 부르기 위해 택하시고 도구로 삼으신 이스라엘이 남북 왕국으로 분열되고, 또한 그 백성이 이방 우상들을 섬기고 하나님을 배반한 것은 죄로 인해 부패한 인간의 본성대로 사는 삶에서 나온 것이었습니다. 사람들은 그들의 심령이 성령으로 새롭게 되기 전까지는 스스로를 고칠 수 없고, 죄에서 떠날 수도 없었습니다. 그들에게 왕들이 있어도 마찬가지였습니다. 선지자들이 계속 일어나 그들의 죄를 책망하고 꾸짖어도 여전히 죄를 짓고, 하나님이 경고하신 대로 심판받을 수밖에 없는 상태가 되었습니다.

이에 선지자들은 그들의 죄를 책망하고 꾸짖는 것과 동시에 궁극적인 해결책으로서 하나님이 성령으로 그들을 거듭나게 하시며, 그들을 인도할 수 있는 메시아가 필요하다는 것을 예언했습니다. 또한 하나님이 메시아를 보내 주실 때에는 이스라엘 민족뿐만 아니라 세상의 많은 민족이 그분을 찾고, 그분으로부터 은혜를 구할 것이라고 예언했습니다.

14
포로기 이후의 선지자들

▶ 이스라엘 백성에게 회개를 촉구하는 미가 선지자(미 1:2)

바벨론 왕국에 의해 멸망당해 포로로 끌려간 이스라엘 백성은 페르시아 왕조 때 귀환했습니다. 이스라엘 백성은 BC 539년 페르시아 왕 고레스의 칙령으로 예루살렘으로 돌아와 무너진 성전과 성벽을 재건하고 신앙 회복 운동을 했습니다.

에스라와 느헤미야의 지도력 아래 형성된 새로운 공동체는 율법의 말씀을 듣고 하나님 앞에 죄를 고백하고, 회개하고, 하나님의 말씀을 잘 지킬 것을 서약했습니다.

신앙 회복 운동의 동력에는 선지자들이 있었습니다. 학개 선지자는 하나님의 성전을 재건하는 것을 1순위에 두라고 백성을 독려했습니다.

> 너희는 산에 올라가서 나무를 가져다가 성전을 건축하라 그리하면 내가 그것으로 말미암아 기뻐하고 또 영광을 얻으리라 여호와가 말하였느니라(학 1:8).

스가랴 선지자는 이스라엘의 회복을 예언했습니다. 스가랴 선지자가 예언한 이스라엘은 국가와 민족으로서의 이스라엘이 아니라 교회를 의미했습니다. 그리고 교회에는 모든 나라의 백성이 있을 것이라고 예언했습니다.

하나님은 모든 민족의 백성의 구원을 위해 구원자를 약속하셨고, 그분이 모든 민족의 왕이 되실 것을 스가랴 선지자를 통해 약속하셨습니다. 여기서 구원이란 죄와 더러움을 씻는 것을 의미하며, 이러한 구원을 위해 수많은 이방인이 몰려올 것을 예언했습니다.

> 만군의 여호와가 이와 같이 말하노라 그날에는 말이 다른 이방 백성 열 명이 유다 사람 하나의 옷자락을 잡을 것이라 곧 잡고 말하기를 하나님이 너희와 함께하심을 들었나니 우리가

너희와 함께 가려 하노라 하리라 하시니라(슥 8:23).

이 예언은 그리스도 시대와 그 이후 교회 시대에 성취되고 있습니다. 하나님이 교회 위에 성령을 부어 주어서 회개의 역사가 크게 일어나고, 수많은 민족이 하나님으로부터 은혜를 얻기 위해 교회로 몰려오는 것입니다. 교회 역사 속에서 종교개혁과 청교도 운동이 여기에 해당되는데, 더욱이 18세기 영적 대각성 운동은 스가랴서의 말씀을 적용하는 가운데 일어난 구원 회복의 사건이라 할 수 있습니다.

포로기 이후에 일부분의 이스라엘 사람들은 예루살렘으로 돌아와 성전과 성벽을 재건했지만, 돌아오지 않은 사람들은 이방 땅에 남아 살고 있었습니다. 그들은 비록 이방 땅에 살았지만 하나님의 백성으로서의 정체성을 지키기 위해 노력했고, 하나님은 그들을 보호하셨습니다.

유다의 포로였던 에스더는 페르시아의 왕비가 되었고, 하나님은 그녀를 사용해 유대인들을 보전하셨습니다.

에스더가 왕 앞에 나아감으로 말미암아 왕이 조서를 내려 하만이 유다인을 해하려던 악한 꾀를 그의 머리에 돌려보내어 하만과 그의 여러 아들을 나무에 달게 하였으므로(에 9:25).

페르시아 왕국은 헬라 왕국에 의해 멸망했고, 헬라 왕국은 로마 제국에 의해 멸망했습니다. 따라서 페르시아 시대부터 그리스도께서 오시기까지는 이스라엘 백성에 대한 기록이 성경에 나타나지 않습니다.

하나님은 이스라엘 백성에게 선지자들을 보내지 않으셨습니다. 이스라엘 백성은 로마 제국의 압제 아래 비참한 생활을 하게 되었고, 영적으로도 침체해 그들의 신앙생활은 엉망이 되었습니다. 그들은 자신들을 가르칠 선지자를 기다렸으며, 한편으로 그들을 인도할 목자를 기다릴 수밖에 없었습니다.

구약성경의 마지막은 하나님이 백성의 마음을 돌이켜 하나님께 돌아오게 하실 것이라는 구원의 약속과 돌이키기를 거부하는 자들에 대한 심판의 경고로 끝을 맺고 있습니다.

그가 아버지의 마음을 자녀에게로 돌이키게 하고 자녀들의 마음을 그들의 아버지에게로 돌이키게 하리라 돌이키지 아니하면 두렵건대 내가 와서 저주로 그 땅을 칠까 하노라 하시니라(말 4:6).

단숨에 읽는 구속사 救贖史

구속사로 간추린 성경 이야기

하나님이 자신의 아들 예수 그리스도를 세상에 보내신 성육신은 성경 전체에 흐르는 구속사의 핵심이자 결정적 사건입니다. 성자 하나님이 참 사람이 되어 세상에 와서 말씀하시고, 생애를 통해 행하신 모든 사역은 아무도 본 적이 없는 하나님을 자신의 백성에게 참되게 나타내신 사건입니다. 예수님은 자신의 백성의 죄를 속하기 위해 십자가에서 그들의 죗값인 사망을 대신 치르시고 자신의 구속 사역을 완수하셨습니다. 그로써 자신의 백성이 믿음으로 말미암아 하나님 앞에서 의롭다 여김을 받을 수 있는 구원의 길을 여셨습니다. 따라서 오직 예수 그리스도만이 죄인을 구원할 수 있는 구속주이시며, 천하 사람 중에 구원을 얻을 만한 다른 이름은 결코 없습니다. 예수님은 부활하셔서 하늘 보좌에서 지금도 자신의 백성을 구원하는 사역을 계속하고 계시며, 마침내 구속사의 마지막에는 재림하셔서 만물을 새롭게 하는 최종 구원을 완성하실 것입니다.

PART 4
그리스도 예수 시대

15
이 땅에 오신 그리스도

▶ 예수님의 탄생(눅 2:11-14)

태초에 말씀이 계시니라 이 말씀이 하나님과 함께 계셨으니 이 말씀은 곧 하나님이시니라 그가 태초에 하나님과 함께 계셨고 만물이 그로 말미암아 지은 바 되었으니 지은 것이 하나도 그가 없이는 된 것이 없느니라(요 1:1-3).

하나님은 태초에 말씀을 통해 세상을 창조하셨습니다. 아버지 하나님은 그와 동일한 말씀을 통해서 세상을 구원하기로 작정하셨습니다. 하나님의 말씀이시며 하나님이신 성자가 사람의 육신을 입고 참 하나님이시자 참 사람으로 이 땅에 오셨습니다.

말씀이 육신이 되어 우리 가운데 거하시매 우리가 그의 영광을 보니 아버지의 독생자의 영광이요 은혜와 진리가 충만하더라(요 1:14).

한 분 하나님이시며 성부, 성자, 성령으로 존재하시는 삼위일체 하나님의 작정에 따라서 성자 하나님, 즉 예수 그리스도께서 그분만이 하실 수 있는 구속 사역을 이루기 위해 하나님의 정한 때가 되어 참 하나님과 참 사람으로 이 땅에 오신 것입니다.

예수 그리스도께서는 참 하나님의 영광의 광채이시며 그 본체의 형상이십니다(히 1:3). 택한 백성은 그분을 볼 때 하나님의 영광을 봅니다. 그분을 구원의 은혜를 주시는 분이요, 진리 자체이시요, 진리를 분명히 계시해 주시는 구원자로 알게 됩니다.

때가 차매 하나님이 그 아들을 보내사 여자에게서 나게 하시고 율법 아래에 나게 하신 것은 율법 아래에 있는 자들을 속량하시고 우리로 아들의 명분을 얻게 하려 하심이라(갈 4:4-5).

예수 그리스도께서는 구약에서 예언된 대로 때가 차서 이 땅에 오셨습니다. 그리스도께서는 하나님을 위해 그분의 백성을 다스릴 이상적인 왕이십니다. 그분의 백성을 가르칠 선지자이십니다. 하나님의 백성을 위한 제사장이십니다. 그리스도께서는 하나님 아버지와 약속하신 대로 죄인을 구원해 자신의 백성으로 삼는 구속 사역을 수행하기 위해 사람이 되셨습니다.

곧 창세전에 그리스도 안에서 우리를 택하사 우리로 사랑 안에서 그 앞에 거룩하고 흠이 없게 하시려고 그 기쁘신 뜻대로 우리를 예정하사(엡 1:4-5).

아버지 하나님은 세상 모든 사람을 구원하시는 것이 아니라, 수많은 사람 가운데 특정한 사람들을 택하고 그들을 구원하기로 창세전에 작정하셨습니다.

모든 사람이 죄를 범하였으매 하나님의 영광에 이르지 못하더니 그리스도 예수 안에 있는 속량으로 말미암아 하나님의 은혜로 값없이 의롭다 하심을 얻은 자 되었느니라 이 예수를 하나님이 그의 피로써 믿음으로 말미암는 화목 제물로 세우셨으니 이는 하나님께서 길이 참으시는 중에 전에 지은 죄를 간과하심으로 자기의 의로우심을 나타내려 하심이니 곧 이때에 자기의 의로우심을 나타내사 자기도 의로우시며 또한 예수 믿는 자를 의롭다 하려 하심이라(롬 3:23-26).

아버지 하나님이 택하신 사람들을 그리스도께서 구속하시기 위해서는 그들의 죄 문제가 해결되어야 합니다. 구원은 죄에 대한 책임과 죄의 세력과 죄의 존재로부터의 구원입니다. 그리스도께서는 사람의 죄를 대신 짊어지기로 약속하셨습니다.

아버지 하나님은 그리스도께 의를 부여해 그리스도를 믿는 자의 죄를 용서하셨습니다. 그리스도의 의를 전가하심으로 그리스도를 믿는 자들을 의롭다 하시는 것입니다.
따라서 죄인인 사람이 하나님께 구원받는 것은 하나님 앞에서 그의 행위로 의롭다 여김을 받아서가 아닙니다. 예수 그리스도를 믿을 때 받는 전가된 의가 드러나 하나님께 의롭다 여김을 받는 것입니다.

16
세례 요한의 증거

▶ 광야에서 외치는 세례 요한(마 3:1-2)

　말라기 선지자 이후에 하나님은 이스라엘 백성에게 선지자를 보내지 않으셨습니다. 따라서 이스라엘은 영적 암흑기를 맞이하고 있었습니다.

　이제 하나님의 때가 되자 하나님은 구원 사역을 행하기 위해 먼저 세례 요한을 선지자로 보내셨습니다. 예수님이 공생애 사역을 시작하시기 전에 먼저 세례 요한이 활동을 시작했습니다. 세상이 너무 타락한 시대였기 때문에 그리스도에 앞서서 세례 요한을 보내 이스라엘 백성을 향해 회개하라고 외치게 하신 것입니다.

그때에 세례 요한이 이르러 유대 광야에서 전파하여 말하되 회개하라 천국이 가까이 왔느니라 하였으니(마 3:1-2).

세례 요한은 사람들이 그들의 죄를 회개하지 않을 경우, 하나님의 심판이 있을 것이라고 선포했습니다. 세례 요한은 이스라엘 백성을 향해 외적으로만 그들의 상태를 꾸짖었습니다. 그의 선지자적 사역은 사람들로 하여금 죄를 깨닫게 하고, 죄 용서의 필요성을 인식하게 하며, 또한 새롭게 변화된 삶을 갈망하게 하는 것이었습니다.

그러나 이는 그리스도의 구속 사역을 준비하는 것이었습니다. 세례 요한을 통해서 죄를 고백하고 세례를 받았지만, 그들이 변화된 삶을 사는 것에는 한계가 있었습니다. 그래서 세례 요한은 자신보다 능력이 많으신 이가 오셔서 성령으로 세례를 베푸실 것이라고 선포했습니다.

요한이 모든 사람에게 대답하여 이르되 나는 물로 너희에게 세례를 베풀거니와 나보다 능력이 많으신 이가 오시나니 나는 그의 신발끈을 풀기도 감당하지 못하겠노라 그는 성령과 불로 너희에게 세례를 베푸실 것이요(눅 3:16).

세례 요한이 말한 분은 바로 예수 그리스도이십니다. 예수님이 베푸시는 은혜는 회개하게 할 뿐만 아니라 거룩한 삶을 가능하게 하는 것이었습니다.

예수님은 세례 요한에게서 세례를 받으셨습니다. 예수님이 세례를 받으신 것은 구약 예언의 성취로서, 자기 백성의 죄를 짊어지시기 위한 것이었습니다.

보라 세상 죄를 지고 가는 하나님의 어린양이로다(요 1:29).

예수님이 세례를 받으실 때 성령이 비둘기같이 하늘에서 내려와 예수님께 임하셨고, 세례 요한은 그 장면을 보았습니다. 이는 그리스도의 구원자 사역의 시작을 알려 주는 것이었으며, 그리스도가 바로 모세가 예언한 '그 선지자'이심을 확증하는 것이었습니다.

예수님이 세례 요한으로부터 세례를 받으실 때 하늘에서 하나님의 음성이 들렸습니다.

성령이 비둘기 같은 형체로 그의 위에 강림하시더니 하늘로부터 소리가 나기를 너는 내 사랑하는 아들이라 내가 너를 기뻐하노라 하시니라(눅 3:22).

이는 예수 그리스도께서 하나님이 택하신 자기 백성을 죄에서 건지시기 위해 세상 죄를 지고 가 없이하는 구속주이시며, 구속 사역을 위한 그리스도의 공생애가 시작되었다는 것을 온 세상에 알리신 하나님의 선언이었습니다.

17
마귀에게 시험 받으심

▶ 시험 받으시는 예수님(마 4:8-11)

 예수님은 세례를 받으신 후 성령에 이끌려 마귀에게 시험 받으러 광야로 가셨습니다. 그리고 그곳에서 40일을 금식하셨습니다.

 사람이 타락하자 하나님은 사람에게 은혜 언약을 선포하시고, 구원자로서 그리스도께서 오실 것을 약속하셨습니다.

> 내가 너로 여자와 원수가 되게 하고 네 후손도 여자의 후손과 원수가 되게 하리니 여자의 후손은 네 머리를 상하게 할 것이

Part 4 그리스도 예수 시대

요 너는 그의 발꿈치를 상하게 할 것이니라(창 3:15).

은혜 언약의 내용은 여자의 후손이 뱀의 머리를 상하게 하리라는 것으로서, 이는 그리스도께서 마귀의 권세를 무찌르고 마귀의 수하에 있는 영혼들을 건져 내는 분이심을 나타내는 것이었습니다. 따라서 공생애 사역을 시작하시기 직전에 그리스도께서는 성령에 이끌려 마귀에게 시험을 받도록 인도되셨습니다.

첫 번째 유혹은 마귀가 예수님께 "네가 만일 하나님의 아들이어든 명하여 이 돌들로 떡덩이가 되게 하라"(마 4:3)라는 것이었습니다. 마귀는 예수님께 하나님의 아들 되심을 의심하게 만드는 공격을 했는데, 이것은 예수님이 십자가에서 대속의 죽음을 당할 때에도 받으신 시험이었습니다.

마귀는 예수님이 하나님의 진정한 아들이시라는 사실을 잘 알고 있었으며, 또한 그분이 뱀의 머리, 즉 자신의 머리를 상하게 하실 분이라는 사실을 알고 예수님을 공격한 것이었습니다. 마귀는 수많은 사람을 미혹해 하나님을 믿지 못하게 하는 자신의 일에 예수님이 가장 위협적인 존재이시기에 예수님이 시험에 빠지시도록 유혹한 것이었습니다.

예수님은 하나님의 말씀으로 마귀를 물리치셨습니다.

기록되었으되 사람이 떡으로만 살 것이 아니요 하나님의 입으로부터 나오는 모든 말씀으로 살 것이라(마 4:4).

마귀의 두 번째 유혹은 예수님을 성전 꼭대기 위에 세우고 "네가 만일 하나님의 아들이어든 뛰어내리라"(마 4:6)라고 한 것이었습니다. 이는 예수님으로 하여금 하나님을 시험하시게 한 것이었습니다. 아담과 하와는 하나님의 말씀을 의심하고 죄를 지었지만, 예수님은 하나님을 신뢰해 마귀를 물리치셨습니다.

기록되었으되 주 너의 하나님을 시험하지 말라(마 4:7).

마귀의 세 번째 유혹은 천하 만국과 그 영광을 예수님께 보여 주면서 자신에게 경배하라는 것이었습니다. 아담과 하와는 마귀의 유혹에 빠져 선악을 알게 하는 나무의 열매가 자신들을 지혜롭게 해줄 것 같아서 먹고 말았습니다. 그러나 예수님은 "기록되었으되 주 너의 하나님께 경배하고 다만 그를 섬기라 하였느니라"(마 4:10)라고 말씀하시면서 마귀의 유혹을 물리치셨습니다.

이처럼 마귀의 유혹으로 인해 예수님이 하나님의 아들이심이 더욱 드러나게 되었으며, 예수님은 마귀의 권세를 물리치고 승리하셨습니다.

그러나 마귀의 권세 아래에 있는 자들은 계속 죄를 짓고, 하나님을 대적하고, 하나님을 예배하지 않았습니다. 예수님은 마귀에게서 승리하심으로써 마귀의 수하에 있는 그분의 백성의 영혼들을 본격적으로 건져 낼 것을 증거하셨습니다.

18
가나 혼인 잔치

▶ 가나의 혼인 잔치(요 2:1-2)

예수님은 갈릴리 가나의 혼인 잔치에 제자들과 함께 참석하셨습니다. 포도주가 부족하자 예수님의 어머니 마리아가 예수님께 포도주가 떨어졌다고 말했습니다. 아직은 때가 아니라고 말씀하신 예수님은 곧 때가 되자 돌 항아리의 물로 가장 맛있는 포도주를 만드는 표적을 베푸셨습니다.

이것은 예수님의 첫 번째 표적이었습니다. 예수님은 지금까지 자신의 권능을 숨기셨지만 이제부터 자신이 하나님의 아들임을 기적을 통해 나타내기 시작하셨습니다. 더욱이 예수님의 제자들에게 자신을 나타내고, 그들로 예수님에 대한 믿음을 갖게 하시기 위해서였습니다.

> 예수께서 이 첫 표적을 갈릴리 가나에서 행하여 그의 영광을 나타내시매 제자들이 그를 믿으니라(요 2:11).

돌 항아리의 물을 포도주로 바꾸신 것은 예수님의 구원 사역이 무엇인지를 표적을 통해 보여 주신 사건이었습니다. 돌 항아리의 물은 정결한 물이 아니었습니다. 그럼에도 예수님이 그 물을 최고 품질의 포도주로 변하게 하신 표적은 바로 사람의 죄가 아무리 더러울지라도 예수님을 만나면 사해진다는 중생의 씻음과 성령의 새롭게 하심으로 변화되는 것, 즉 거듭남이 무엇인지를 보여 주신 것이었습니다.

> 우리를 구원하시되 우리가 행한 바 의로운 행위로 말미암지 아니하고 오직 그의 긍휼하심을 따라 중생의 씻음과 성령의 새롭게 하심으로 하셨나니(딛 3:5).

19
성전 청결 사건

▶ 성전을 깨끗하게 하시는
  예수님(요 2:13-16)

　예수님은 예루살렘에 올라가서 유월절을 지키셨습니다. 예수님은 성전 안에 소와 양과 비둘기를 파는 사람들과 환전상들이 있는 것을 보시고는 노끈으로 채찍을 만들어 양이나 소를 성전에서 내쫓으셨습니다. 그리고 그들에게 "내 아버지의 집으로 장사하는 집을 만들지 말라"(요 2:16)라고 말씀하셨습니다.
　성전에서 장사하는 일은 신성모독죄에 해당되었습니다. 더욱이 신앙의 행위를 돕는다는 이유로 세속적인 이득을 취하는 자들이 성전을 관리하는 자들과 결탁해 상업 행위를 했던 것입니다. 이는 당시 유대교가 얼마나 심각하게 타락했는지를 적나라하게 보여 주는 사건이었습니다.

여호와 하나님을 예배한다고 하지만 마음에 하나님이 없고, 외적으로는 신앙인의 모습이지만 심령에 구원의 은혜가 없는 사람들이 성전에 가득했음을 보여 주는 상황입니다.

예수님은 이곳이 '아버지의 집'이라고 하셨는데, 이는 그분이 하나님 아버지의 영광을 나타내고자 이 땅에 오신 것임을 드러내는 것이었습니다. 제자들도 예수님의 이러한 모습에 "주의 전을 사모하는 열심이 나를 삼키리라"라는 성경 구절을 생각했습니다(요 2:17).

주의 집을 위하는 열성이 나를 삼키고 주를 비방하는 비방이 내게 미쳤나이다(시 69:9).

이 구절은 다윗이 그리스도를 예언한 것인데, 하나님의 전에 대한 메시아의 열심이 특별해 자신을 삼켜 버릴 정도라는 뜻이었습니다. 즉 그리스도께서 이스라엘의 왕으로서 하나님의 왕권을 나타내는 직무를 하고 계심을 보여 주는 사건이었습니다.

예수님의 성전 청결 사건으로 유대인들은 "당신이 무슨 권한으로 이런 일을 하느냐?"라고 질문하며 기적을 행해 그 권위를 나타내라고 요청했습니다. 이때 예수님은 "너희가 이 성전을 헐라 내가 사흘 동안에 일으키리라"(요 2:19)라고 말씀하셨습니다.

예수님은 그들이 자신을 죽일 것과 또한 자신이 다시 살아나서 하나님의 구원 백성을 일으킬 것을 예언하셨습니다. '그리스도'는 예수님께 붙여진 호칭인데, 구약의 '메시아'로서 '하나님의 백성을 죄에서 구속할 구원자'라는 뜻입니다.

20
거듭남을 가르치심

▶ 니고데모와 예수님(요 3:4-8)

밤에 니고데모가 예수님을 찾아왔습니다. 니고데모는 당시 이스라엘의 최고 정치 기관인 산헤드린 공회의 회원으로서 바리새인이며, 율법학자이며, 유대인의 선생이었습니다. 니고데모는 예수님을 '하나님께로부터 오신 선생'이라고 부르면서 존경하는 태도로 찾아왔으나 성경에서 말하는 구원의 은혜는 몰랐습니다.

예수님은 그에게 거듭나야 하며, 거듭나지 않으면 하나님 나라를 볼 수도, 들어갈 수도 없다고 하셨습니다.

진실로 진실로 네게 이르노니 사람이 거듭나지 아니하면 하나님의 나라를 볼 수 없느니라(요 3:5).

예수님의 말씀은 성령의 역사로 새로운 본성이 심기며, 새로운 영적 정서가 형성되고, 의지가 갱신되어야 그리스도를 깨닫고, 또한 믿을 수 있다는 뜻이었습니다. 거듭나지 않으면 그리스도를 믿어야 하는 이유도 모르며, 영적인 세계를 이해하지 못하고, 또한 하나님 나라를 이해할 수 없다는 것이었습니다.

타락으로 인해 사람의 부패한 본성으로는 결코 영적인 것을 이해할 수 없으며, 하나님 나라조차도 이해하지 못하기 때문에 하나님 나라를 볼 수 없을뿐더러, 들어갈 수 없다는 말씀이었습니다.

따라서 구원받기 위해서는 반드시 사람의 전적으로 부패한 본성이 말씀과 성령으로 거듭나게 하는 중생의 역사로 갱신되어야 했습니다.

우리를 구원하시되 우리가 행한 바 의로운 행위로 말미암지 아니하고 오직 그의 긍휼하심을 따라 중생의 씻음과 성령의 새롭게 하심으로 하셨나니(딛 3:5).

예수님은 거듭남이란 사람의 믿음 때문도, 사람의 행위 때문도 아니라, 오직 하나님의 기쁘신 뜻대로 그분의 택한 백성을 구원하시는 하나님의 절대 주권에 전적으로 속한 것이라는 사실을 말씀하셨습니다.

바람이 임의로 불매 네가 그 소리는 들어도 어디서 와서 어디로 가는지 알지 못하나니 성령으로 난 사람도 다 그러하니라 (요 3:8).

바람은 자기가 불고 싶은 대로 붑니다. 사람은 바람을 일으킬 수 없고, 또한 바람의 방향을 바꿀 수도 없습니다. 마찬가지로 거듭난 사람도 자기의 의지나 행위가 아니라 오직 그로 하여금 거듭나게 하시는 하나님의 기쁘신 뜻대로 거듭날 수 있습니다.

니고데모는 예수님의 말씀을 여전히 이해하지 못했습니다. 거듭나지 않았기 때문에 외적으로 나타나는 기적 같은 것에 마음을 두고 있었기 때문입니다. 그래서 예수님이 거듭나게 하시는 성령의 역사로 인해 하나님 나라의 귀중성을 알고 구하게 된다고 말씀하신 것이었습니다.

그러나 니고데모와 유대인들은 예수님의 말씀을 이해하지 못했습니다. 그들은 거듭나지 않았기 때문에 사람이 어떻게 구원받는지 알지 못했습니다. 따라서 그들은 영적으로 하나님을 예배한 것이 아니라 오직 자신들의 이기적인 목적으로 예배에 참여했습니다.

거듭남은 중생시키시는 성령의 효력 있는 부르심으로서, 물과 성령으로 다시 완전히 새롭게 태어나는 것입니다(요 3:5). 따라서 물과 성령은 거듭남의 방편입니다. 성령은 살리시는 영, 새 창조의 영이십니다. 거듭남, 즉 죽은 몸에서 산 몸으로 태어나기 위해서는 살리시는 영이 사람 안에 들어오셔야 합니다.

예수를 죽은 자 가운데서 살리신 이의 영이 너희 안에 거하시면 그리스도 예수를 죽은 자 가운데서 살리신 이가 너희 안에 거하시는 그의 영으로 말미암아 너희 죽을 몸도 살리시리라 (롬 8:11).

거듭나기 위해서는 또한 물로 다시 태어나야 합니다. 물은 깨끗하게 씻음을 의미하기 때문에, 물로써 거듭난다는 것은 곧 말씀으로 우리를 씻어 깨끗하게 한다는 뜻입니다. 하나님의 말씀은 진리이므로 물과 같이 죄인을 깨끗하게 씻음으로써 거룩하게 합니다.

> 너희가 거듭난 것은 썩어질 씨로 된 것이 아니요 썩지 아니할 씨로 된 것이니 살아 있고 항상 있는 하나님의 말씀으로 되었느니라(벧전 1:23).

따라서 물과 성령으로 거듭나는 것은 혈통으로나 육정으로나 사람의 뜻으로 되는 것이 아니라, 오직 중생하게 하시는 성령의 역사로써 하나님으로부터 새롭게 나는 것입니다.

> 영접하는 자 곧 그 이름을 믿는 자들에게는 하나님의 자녀가 되는 권세를 주셨으니 이는 혈통으로나 육정으로나 사람의 뜻으로 나지 아니하고 오직 하나님께로부터 난 자들이니라 (요 1:12-13).

21
인자의 들리심

▶ 광야의 놋 뱀(민 21:9)

  거듭남을 이해하지 못하는 니고데모에게 예수님은 구원에 이르는 믿음이 어떤 것인지 말씀하시면서, 이스라엘 백성이 광야에서 겪었던 놋 뱀 사건을 들어 설명하셨습니다.

  이스라엘 백성은 광야에서 불평하다가 하나님의 심판으로 불 뱀에 물려 죽게 되었습니다. 이들이 모세에게 구원 방법을 찾아내라고 요구하자 하나님은 놋 뱀을 만들어 장대에 달아 그것을 바라보는 자마다 살 것이라고 하셨습니다.

불 뱀에 물려 죽는 상황에서 살 수 있는 유일한 방법은 하나님이 정하신 놋 뱀을 바라보는 것이었습니다. 불 뱀에 물려 죽는 상황은 절박했기에 자신을 낮출 수밖에 없었습니다. 따라서 자신을 철저히 낮추고 놋 뱀을 바라보는 자는 생명을 얻었습니다.

여호와께서 모세에게 이르시되 불 뱀을 만들어 장대 위에 매달아라 물린 자마다 그것을 보면 살리라 모세가 놋 뱀을 만들어 장대 위에 다니 뱀에게 물린 자가 놋 뱀을 쳐다본즉 모두 살더라(민 21:8-9).

그러나 놋 뱀을 하찮은 것으로 여기고 바라보지 않았던 자들은 불 뱀의 독에 의해 죽었습니다. 그들은 구원을 받기 위해 예수님께 나아가 자신이 전적으로 부패한 죄인임을 인정함으로써 자신을 겸손히 낮추고 하나님의 은혜를 간구해야 하는 구원의 원리를 모르는 자들과 같습니다.

예수님을 믿는 원리도 이와 같습니다. 자신의 죄와 죄에 대한 하나님의 심판을 깨닫는 자는 죄 용서를 위해 십자가에 달리신 그리스도를 바라볼 것입니다. 예수 그리스도만이 자신의 죄를 속할 수 있는 유일한 길이시라는 사실을 깨닫고 그분을 믿는 자는 영생을 얻습니다.

모세가 광야에서 뱀을 든 것같이 인자도 들려야 하리니 이는 그를 믿는 자마다 영생을 얻게 하려 하심이니라 하나님이 세상을 이처럼 사랑하사 독생자를 주셨으니 이는 그를 믿는 자마다 멸망하지 않고 영생을 얻게 하려 하심이라(요 3:14-16).

물론 이것은 성령이 그 영혼에 역사하셔서 영적으로 갱신되어야 깨달을 수 있는 진리로서, 하나님이 성도에게 단번에 주신 구원에 이르는 길입니다.

22
갈릴리 사역

▶ 회당에서 가르치시는 예수님(눅 4:16)

 예수님의 공생애 1년 차 갈릴리 사역은 여러 회당을 다니면서 천국 복음을 가르치시는 것과 온갖 병자들을 고치시는 것이었습니다. 예수님이 자신이 자라난 나사렛에 이르러 안식일에 회당에 들어가 성경을 읽으려고 서시자, 회당의 책 맡은 자가 선지자 이사야의 글을 드렸습니다. 그때 예수님은 이렇게 기록된 데를 찾았습니다.

 주의 성령이 내게 임하셨으니 이는 가난한 자에게 복음을 전하게 하시려고 내게 기름을 부으시고 나를 보내사 포로 된 자에게 자유를, 눈먼 자에게 다시 보게 함을 전파하며 눌린 자를 자유롭게 하고 주의 은혜의 해를 전파하게 하려 하심이라(눅 4:18-19).

그리고 책 맡은 자에게 이사야 서책을 주신 다음에, "이 글이 오늘 너희 귀에 응하였느니라"(눅 4:21)라고 말씀하셨습니다.

예수님이 읽으신 구절은 그리스도의 임무를 자세히 설명한 구절이었습니다. 성령의 모든 은혜와 은사가 선지자들이 받은 것과는 비교할 수 없을 정도로 그리스도께 부어졌고, 선지자의 직무에 합당하게 기름 부음이 있다는 것을 예수님은 말씀하셨습니다.

예수님은 그리스도의 선지자적 직무는 자신의 죄를 깨닫고 심령이 가난해진 영혼에게 죄 용서가 그리스도께 있다는 것을 알려 주어 죄의 노예가 된 영혼을 해방시키는 것이라고 말씀하셨습니다. 또한 영적 무지와 어두움 가운데 있는 자들의 눈을 열어 주어 복음의 은혜를 깨닫게 하며, 하나님이 죄인들을 그리스도를 통해서 기꺼이, 그리고 대대적으로 받아 주시는 은혜의 때를 알리는 것이라고 말씀하셨습니다.

물론 사람들은 예수님의 말씀을 받아들이지 않았고, 오히려 예수님을 죽이고자 했습니다. 하나님은 그리스도를 구약에서 예언한 '그 선지자'로 보내 하나님의 말씀을 직접 그들의 귀에 들려주셨습니다. 이것은 모세로부터 계속 약속하신 것이며, 이사야 선지자도 예언한 것이었습니다.

이 예언이 지금 예수님을 통해서 성취되고 있었지만 유대인들은 받아들이지 않았습니다. 하나님의 말씀이 예수님을 통해서 직접 그들에게 들리는데도 거부했던 것입니다.

그들의 문제는 자신들이 죄인이라는 사실을 아직 깨닫지 못하는 것이었습니다. 그들은 영적으로 심령이 가난하지 않았으며, 자신들이 죄의 포로라는 사실을 인정하지도 않았습니다. 더욱이 자신들이 영적으로 맹인과 같은 자라는 것도 받아들일 수 없었기에, '그 선지자'로 이 땅에 오신 예수님을 배척했던 것입니다.

예수님이 진정으로 필요하다는 것을 알기 위해서는 성전에서 기도하던 세리처럼 우선 자신이 하나님 앞에서 죄인이라는 사실을 진정으로 깨달아야 합니다.

세리는 멀리 서서 감히 눈을 들어 하늘을 쳐다보지도 못하고 다만 가슴을 치며 이르되 하나님이여 불쌍히 여기소서 나는 죄인이로소이다 하였느니라(눅 18:13).

하나님 앞에서 자신이 죄로 인해 전적으로 부패한 본성을 지닌 죄인이라는 사실을 깨닫고 고백하는 것, 이것이 구원에 이르는 길의 시작입니다.

23
중풍병자를 고치심

▶ 중풍병자를 고치시는
예수님(막 2:1-5)

예수님이 가버나움에서 구원의 도를 전파하실 때 한 중풍병자가 네 사람에 의해 침상에 실려 예수님이 머무시는 집으로 왔습니다. 사람들이 너무 많이 모여들어서 중풍병자를 예수님 앞으로 데려갈 수 없자, 그들은 지붕을 뜯어 구멍을 내고 중풍병자의 침상을 예수님 앞으로 달아 내렸습니다. 그때 예수님은 중풍병자와 네 사람의 믿음을 보시고는, "작은 자야 네 죄 사함을 받았느니라"(막 2:5)라고 말씀하셨습니다.

이때 그 광경을 본 서기관들이 "오직 하나님 한 분 외에는 누가 능히 죄를 사하겠느냐"(막 2:7)라고 마음속으로 말하면서 예수님에 대해서 비난했습니다.

예수님은 그들의 마음을 아시고는 "중풍병자에게 네 죄 사함을 받았느니라 하는 말과 일어나 네 상을 가지고 걸어가라 하는 말 중에서 어느 것이 쉽겠느냐 그러나 인자가 땅에서 죄를 사하는 권세가 있는 줄을 너희로 알게 하려 하노라"(막 2:9-10)라고 하시면서 중풍병자에게 "일어나 네 상을 가지고 집으로 가라"(막 2:11)라고 말씀하셨습니다. 이때 중풍병자는 곧 일어나 침상을 가지고 모든 사람 앞에서 걸어 나갔습니다.

이 사건 속에서 예수님은 자신이 사람의 죄를 용서할 수 있는 하나님이라는 사실을 나타내셨습니다. 인간의 능력으로는 도무지 할 수 없는 중풍병자의 병을 낫게 하심으로 자신이 죄를 사할 수 있는 하나님이라는 것을 다시 확인시켜 주셨던 것입니다. 왜냐하면 사람들에게는 이런 두 가지 일을 행하는 것이 불가능하지만 예수님께는 쉬운 일이며, 오직 하나님만이 하실 수 있는 일을 행하셨기 때문입니다. 예수님이 천국 복음의 전파와 함께 죄를 사하시고 이 세상에 들어온 온갖 질병을 고치신 것은 오직 자신만이 죄와 질병으로부터 해방을 줄 수 있는 하나님이라는 사실을 보여 주신 것이었습니다.

24
산상수훈

▶ 예수님의 산상수훈(마 5:1-2)

    예수님은 자신을 따르는 무리를 보시고 산에 올라가 설교하기 위해 앉으셨습니다. 예수님은 진정한 복이 무엇이며, 또한 그 복을 받은 자가 누구인지에 대해 먼저 설교하셨습니다. 그는 자신이 죄인임을 깨닫고, 용서와 구원의 은혜를 겸손히 구하며, 구원의 은혜를 경험한 후 경건한 삶을 사는 자라고 말씀하셨습니다.

    결국 이 복을 받은 자는 천국을 소유한 사람이며, 이 세상에서는 예수님을 믿는 믿음 때문에 고난과 박해를 받을 수 있다고 말씀하셨습니다.

> 너로 말미암아 너희를 욕하고 박해하고 거짓으로 너희를 거슬러 모든 악한 말을 할 때에는 너희에게 복이 있나니 기뻐하고 즐거워하라 하늘에서 너희 상이 큼이라 너희 전에 있던 선지자들도 이같이 박해하였느니라(마 5:11-12).

예수님은 기도와 금식을 설명하면서 기도를 가르쳐 주셨고, 또한 거짓 선지자에 대해 주의하라고 경계를 당부하셨습니다.

좁은 문과 넓은 문을 설명하시면서 진정으로 구원의 은혜가 있는 자들은 어렵고 힘든 좁은 문을 찾는다고 말씀하셨습니다. 그러나 외적으로 믿음이 있는 척하고 실제로는 은혜가 없는 자들은 넓은 문과 많은 사람이 다니는 넓은 길을 찾으며, 결국 그들은 멸망당한다고 말씀하셨습니다.

> 좁은 문으로 들어가라 멸망으로 인도하는 문은 크고 그 길이 넓어 그리로 들어가는 자가 많고 생명으로 인도하는 문은 좁고 길이 협착하여 찾는 자가 적음이라(마 7:13-14).

그런데 예수님은 이 특별한 설교에서 자신이 율법이나 선지자들의 말을 폐하러 온 것이 아니라 오히려 완전하게 하려고 왔다고 말씀하셨습니다.

> 내가 율법이나 선지자를 폐하러 온 줄로 생각하지 말라 폐하러 온 것이 아니요 완전하게 하려 함이라 진실로 너희에게 이르노니 천지가 없어지기 전에는 율법의 일점일획도 결코 없어지지 아니하고 다 이루리라(마 5:17-18).

이는 예수님이 자신이 모든 점에서 율법에 순종했으며, 율법의 약속과 선지자들의 예언을 성취하기 위해 왔으며, 율법의 모형을 이루기 위해 온 것이라는 사실을 나타내신 것입니다. 그리스도께서는 율법에 완전히 순종함으로 의를 확보하셨고, 확보한 그 의를 믿는 자들에게 전가하시는 것입니다. 그래서 서기관과 바리새인의 의보다 낫기 위해서는 그리스도의 의가 필요하다고 말씀하신 것이었습니다.

한편으로, 율법은 사람들의 죄를 고발하고, 사람이 불의한 자라는 사실을 깨닫게 하기 때문에 복음에 앞서서 반드시 사람들에게 가르쳐야 한다고 말씀하셨습니다.

25
그리스도의 초청

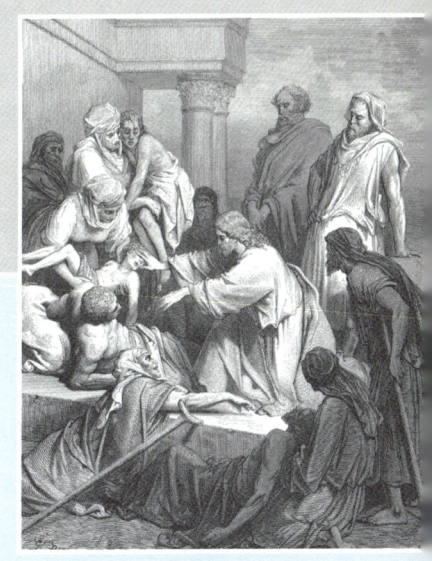

▶ 병자를 초청하시는 예수님(마 11:28)

예수님은 자신을 의원으로 비유하며 죄의 질병을 깨달아 고치기 위해서 자신을 찾는 자들을 초청하셨습니다.

수고하고 무거운 짐 진 자들아 다 내게로 오라 내가 너희를 쉬게 하리라(마 11:28).

예수님은 이 말씀을 하시기 전에 "내 아버지께서 모든 것을 내게 주셨으니 아버지 외에는 아들을 아는 자가 없고 아들과 또 아들의 소원대로 계시를 받는 자 외에는 아버지를 아는 자가 없느니라"(마 11:27)라고 말씀하셨습니다.

아들은 아버지께서 택하신 백성을 구원하기 위해서 그들에게 하나님을 아는 지식과 그리스도를 아는 지식이 있기를 구하셨습니다. 하나님을 아는 지식이 있으면 자신이 죄인이라는 사실을 알게 됩니다. 그래서 죄의 용서를 찾게 되는데, 이때 그리스도를 아는 지식이 있게 되며, 오직 그리스도 안에만 죄의 용서가 있다는 것을 깨닫게 됩니다. 그래서 수고하고 무거운 짐을 진 죄인들은 그리스도를 찾게 된다고 말씀하신 것입니다.

그리스도를 찾아간 죄인들은 그들의 죄 짐을 그리스도 안에서 해결받게 됩니다. 그리스도께서 자신의 백성에게 멍에를 지워 주심으로 매일 그리스도의 가르침을 받으며, 죄에서 떠나 안식을 누리게 됩니다. 이때 그리스도인들이 지는 멍에는 그리스도의 인도하심을 받는 도구가 되어 안전하기에 힘들거나 거추장스럽지 않습니다.

나는 마음이 온유하고 겸손하니 나의 멍에를 메고 내게 배우라 그리하면 너희 마음이 쉼을 얻으리니 이는 내 멍에는 쉽고 내 짐은 가벼움이라(마 11:29-30).

그리스도를 믿는 것은 바로 이러한 영적 과정을 거쳐서 그리스도의 귀중성을 깨닫고 그리스도를 붙잡는 것입니다.

26
오병이어 기적

▶ 많은 무리를 먹이신 예수님(요 6:1-13)

많은 사람이 예수님이 행하시는 표적을 보고 따라다니며 큰 무리를 이루었습니다. 예수님은 한 소년이 가지고 온 보리떡 다섯 개와 물고기 두 마리로 기적을 일으켜 그 무리를 배불리 먹이셨습니다. 이 표적을 통해서 많은 사람이 예수님을 세상에 온 '그 선지자'라고 말하면서 왕으로 삼으려고 했습니다.

그러나 예수님은 이들을 피해 산으로 가셨습니다. 제자들은 예수님이 계시지 않은 상황에서 가버나움으로 배를 타고 가다가 큰 풍랑을 만났고, 그때 바다 위로 걸어서 그들에게 오시는 예수님을 만났습니다. 그리고 예수님과 제자들은 가버나움으로 들어갔습니다.

예수님을 왕으로 세우려던 군중은 예수님을 찾아다니다가 결국 가버나움까지 찾아왔습니다. 예수님은 이들을 향해 "썩을 양식을 위하여 일하지 말고 영생하도록 있는 양식을 위하여 하라"(요 6:27)라고 말씀하셨습니다. 그리고 예수님은 그들이 자신을 따르는 이유는 표적을 본 까닭이 아니라 먹고 배부른 까닭이라고 하시며, 자신이 바로 생명의 떡으로서 영생을 주리라고 말씀하셨습니다.

나는 하늘에서 내려온 살아 있는 떡이니 사람이 이 떡을 먹으면 영생하리라 내가 줄 떡은 곧 세상의 생명을 위한 내 살이니라(요 6:51).

예수님의 설교가 끝나자 그토록 예수님을 찾아다녔던 군중은 거의 예수님 곁을 떠나 버렸습니다. 그러나 제자들은 오병이어의 기적과 바다 위를 걸으신 예수님을 만난 두 표적을 경험함으로써 영생의 말씀이 주님께 있음을 깨닫고 예수님을 떠나지 않았습니다.

시몬 베드로가 대답하되 주여 영생의 말씀이 주께 있사오니 우리가 누구에게로 가오리이까(요 6:68).

이 사건을 통해서 예수님은 진정으로 예수님을 믿는 자와 믿지 않는 자를 구별하셨습니다. 이 세상의 일시적인 부귀나 건강 같은 것을 추구하고 성취하기 위해 예수님을 따르는 자들은 결국 예수님을 떠난다는 진리를 나타내신 것이었습니다. 그러나 구원과 영원한 생명에 대한 관심과 그 소중성을 깨닫고 그리스도를 믿는 자들은 끝까지 예수님을 따른다는 것을 보여 주신 사건이었습니다.

예수님은 이렇게 영원한 것을 추구하는 자들은 스스로 나아오는 것이 아니라, 하나님 아버지께서 그들로 하여금 그리스도께 가도록 하신 것이라고 말씀하셨습니다.

아버지께서 내게 주시는 자는 다 내게로 올 것이요 내게 오는 자는 내가 결코 내쫓지 아니하리라(요 6:37).

이는 구원이 사람에 의한 믿음의 결단에서 오는 것이 아니라, 오직 하나님의 절대 주권에 의해 이루어지는 예정과 선택임을 보여 주신 것입니다. 이것이 성령의 유효한 부르심이요, 또한 불가항력적 은혜로 구원 백성에게 주어지는 것입니다.

따라서 구원의 도에 의해 거듭난 진정한 하나님의 백성은 그리스도와 영원한 생명에 관련된 것을 그들의 인생에서 최우선 순위에 두고 그것을 진정으로 추구합니다.

> 또 천국은 마치 좋은 진주를 구하는 장사와 같으니 극히 값진 진주 하나를 발견하매 가서 자기의 소유를 다 팔아 그 진주를 사느니라(마 13:45-46).

27
베드로의 신앙고백

▶ 예수께 신앙을 고백하는 베드로(마 16:16)

예수님이 제자들에게 "사람들이 인자를 누구라 하느냐"(마 16:13)라고 물으시자 그들은 사람들이 예수님을 선지자로 생각한다고 대답했습니다. 사람들은 예수님을 선한 사람으로 생각했지만, 그분이 누구이신지 올바로 알지는 못했습니다.

그러자 예수님은 제자들에게 "너희는 나를 누구라 하느냐"(마 16:15)라고 물으셨습니다. 이때 베드로가 "주는 그리스도시요 살아 계신 하나님의 아들이시니이다"(마 16:16)라고 대답했습니다.

이 고백은 하나님이 예수님을 하나님의 교회의 왕과 제사장으로 세우셨다는 의미였습니다. 예수님은 베드로가 이렇게 고백할 수 있었던 이유는 하나님 아버지께서 알려 주셨기 때문이라고 말씀하셨습니다.

> 바요나 시몬아 네가 복이 있도다 이를 네게 알게 한 이는 혈육이 아니요 하늘에 계신 내 아버지시니라 (마 16:17).

베드로의 고백은 복음이 말하는 진리였으며, 예수님은 이 고백 위에 자신의 교회를 세우겠다고 선언하셨습니다.

> 또 내가 네게 이르노니 너는 베드로라 내가 이 반석 위에 내 교회를 세우리니 음부의 권세가 이기지 못하리라 (마 16:18).

베드로의 신앙고백이 있은 후부터 예수님은 자신이 고난받아 죽임을 당하고, 3일 만에 다시 살아날 것을 가르치기 시작하셨습니다. 그리스도께서는 고난과 죽음, 부활을 통해서 자신의 백성을 만드시고 그들을 다스리시는데, 이것은 하나님 아버지와 예수님 사이에 맺으신 약속에 의한 것이었습니다.

예수님은 또한 자신을 따르는 진정한 제자도가 무엇인지를 가르쳐 주셨습니다.

누구든지 나를 따라오려거든 자기를 부인하고 자기 십자가를 지고 나를 따를 것이니라 누구든지 제 목숨을 구원하고자 하면 잃을 것이요 누구든지 나를 위하여 제 목숨을 잃으면 찾으리라(마 16:24-25).

28
변화산 사건

▶ 변형되신 그리스도(마 17:1-3)

예수님은 베드로와 야고보와 요한을 데리고 높은 산으로 올라가셨습니다. 그리고 그들 앞에서 변형되어 그 얼굴이 해같이 빛나며 옷이 빛과 같이 희어졌습니다. 그때 모세와 엘리야가 예수님과 이야기하는 것이 제자들에게 보였으며, 빛난 구름이 그들을 덮으면서 구름 속에서 소리가 났습니다.

이는 내 사랑하는 아들이요 내 기뻐하는 자니 너희는 그의 말을 들으라(마 17:5).

예수님은 제자들에게 자신의 신적 영광을 분명하게 나타내셨습니다. 그리고 한편으로, 구약의 대표적인 선지자들인 모세와 엘리야가 예수님이 그리스도이심을 증거했습니다.

더욱이 구름은 하나님의 나타나심을 의미하는데, 구름에서 하나님 아버지의 음성이 들려왔습니다. 그리스도가 하나님의 아들로서, 하나님의 택한 백성을 구원하기 위해 일하시므로 그리스도의 말을 들으라는 것이었습니다. 하나님이 마지막에 그리스도를 통해 말씀하시는데, 그것은 구원과 직접 관련되어 있기 때문에 주의 깊게 들어야 했습니다.

> 옛적에 선지자들을 통하여 여러 부분과 여러 모양으로 우리 조상들에게 말씀하신 하나님이 이 모든 날 마지막에는 아들을 통하여 우리에게 말씀하셨으니(히 1:1-2).

이 사건을 통해서 예수님은 하나님 아버지와의 약속에 따라서 하나님의 택한 백성을 구속하기 위해 왔다는 것을 분명히 나타내셨고, 하나님 아버지께서는 예수님이 바로 구속주이시라는 사실을 확증하셨습니다. 하나님은 자신의 구원 계획을 그분의 택한 백성에게 분명히 계시하시는데, 예수님은 최종 계시이자 계시의 궁극이셨습니다.

29
예루살렘 입성

▶ 예루살렘에 입성하시는 예수님(마 21:7-9)

예수님은 고난과 십자가의 죽음, 즉 택한 백성을 구속하는 구원 사역을 이루기 위해 예루살렘으로 들어가셨습니다. 예루살렘에 들어가실 때 많은 사람이 예수님을 선지자로 인식하며 환호했습니다.

앞에서 가고 뒤에서 따르는 무리가 소리 높여 이르되 호산나 다윗의 자손이여 찬송하리로다 주의 이름으로 오시는 이여 가장 높은 곳에서 호산나 하더라(마 21:9).

예수님은 예루살렘 성전에서 장사하는 자들을 내쫓으시며 그들이 기도하는 집을 강도의 소굴로 만들었다고 책망하셨습니다. 그리고 성전에서 맹인과 저는 자들을 고쳐 주셨습니다.

예수님이 성전에서 가르치실 때 대제사장들과 장로들이 나아와서 "네가 무슨 권위로 이런 일을 하느냐 또 누가 이 권위를 주었느냐"(마 21:23)라고 하며 따져 물었습니다.

그러자 예수님은 오히려 세례 요한에 대해서 그들에게 질문하셨습니다. 왜냐하면 모든 사람이 세례 요한을 선지자로 여겼고, 세례 요한은 예수님을 가리켜 '나보다 크신 이'라고 했기 때문이었습니다. 그들이 대답하지 못하자 예수님은 이렇게 말씀하셨습니다.

내가 진실로 너희에게 이르노니 세리들과 창녀들이 너희보다 먼저 하나님의 나라에 들어가리라 요한이 의의 도로 너희에게 왔거늘 너희는 그를 믿지 아니하였으되 세리와 창녀는 믿었으며 너희는 이것을 보고도 끝내 뉘우쳐 믿지 아니하였도다(마 21:31-32).

이때부터 대제사장들과 바리새인들과 서기관들이 예수님을 죽일 공모를 시작했습니다. 그러나 예수님은 이 사건을 통해서 하나님이 자신을 이 땅에 보내신 목적을 이루려고 하셨습니다. 이 일은 하나님이 택하신 백성의 죄와 그 죄를 사하기 위해 치러야 하는 죄의 값인 사망이라는 심판을 대신 받으시기 위한 것이었습니다.

30
성령에 대한 가르침

▶ 예수님과 제자들(요 14:16-17)

내가 아버지께 구하겠으니 그가 또 다른 보혜사를 너희에게 주사 영원토록 너희와 함께 있게 하리니 그는 진리의 영이라 (요 14:16-17).

예수님은 십자가에서 자신의 백성의 죄를 위해 죽으시기 직전에 제자들에게 마지막 고별 설교를 하셨습니다. 설교 가운데 제자들에게 성령에 대해 가르치셨습니다. 예수님은 자신이 떠나면 아버지께서 성령을 보내실 것인데, 성령이 그분의 백성을 진리로 인도하실 것이라고 말씀하셨습니다.

> 보혜사 곧 아버지께서 내 이름으로 보내실 성령 그가 너희에게 모든 것을 가르치고 내가 너희에게 말한 모든 것을 생각나게 하리라(요 14:26).

성령은 그리스도를 증거해 아버지께서 택하신 백성이 그리스도를 실제로 믿게 하는 일을 하시는데, 이를 위해서 성령이 죄를 깨닫게 하시고, 하나님의 심판을 알게 하심으로 구원을 위해 그리스도를 찾아가게 하는 사역을 하신다고 설명하셨습니다. 그래서 예수님은 아버지께서 보내실 성령을 '보혜사'保惠師라 칭하셨습니다. 보혜사는 성령이 하시는 사역적 특성을 나타내는데, 하나님의 택한 백성을 보호하시고, 은혜를 베푸시고, 진리로 가르치신다는 의미입니다.

> 그가 와서 죄에 대하여, 의에 대하여, 심판에 대하여 세상을 책망하시리라 죄에 대하여라 함은 그들이 나를 믿지 아니함이요 의에 대하여라 함은 내가 아버지께로 가니 너희가 다시 나를 보지 못함이요 심판에 대하여라 함은 이 세상 임금이 심판을 받았음이라(요 16:8-11).

성령은 새 창조의 영, 진리의 영으로서, 아버지 하나님이 계획하시고 성자 예수님이 성취하신 구원을 그분의 택한 백성에게 효력 있는 부름으로 적용시켜 주기 위해 예수님이 아버지 하나님으로부터 받아서 그분의 백성에게 부어 주시는 거룩한 영이십니다.

> 하나님이 오른손으로 예수를 높이시매 그가 약속하신 성령을 아버지께 받아서 너희가 보고 듣는 이것을 부어 주셨느니라 (행 2:33).

성령은 힘이나 능력이나 물질이 아니라, 한 분 하나님이시지만, 삼위일체 하나님의 존재에 있어서 신성과 인격을 가지신 존귀한 제3위 하나님이십니다. 존재하는 신적 인격체인 하나님이십니다.

31
산헤드린 공회에서 심문당하심

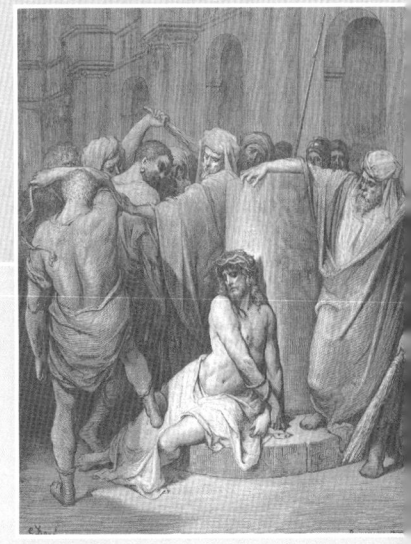

▶ 채찍질을 당하시는 예수님(요 19:1)

 대제사장들과 장로들과 서기관들은 예수님을 붙잡아 그분을 죽일 죄목을 찾기 위해서 심문했습니다. 예수님을 고소하는 자들이 일어나 증언했지만 서로 하는 말들이 일치하지 않았습니다.

 대제사장이 일어나서 사람들의 고소에 답변하라고 했지만 예수님은 아무 말씀도 하지 않으셨습니다. 대제사장이 "네가 찬송 받을 이의 아들 그리스도냐"(막 14:61)라고 물었을 때 예수님은 "내가 그니라 인자가 권능자의 우편에 앉은 것과 하늘 구름을 타고 오는 것을 너희가 보리라"(막 14:62)라고 대답하셨습니다. 이 말을 들은 대제사장은 예수님께 하나님에 대한 신성모독죄로 사형에 해당된다고 외쳤습니다.

이때 어떤 사람은 예수님께 침을 뱉으며 예수님의 얼굴을 가린 채로 주먹으로 쳤는데, 이는 죽어 마땅한 자라는 것을 행동으로 보인 것이었습니다. 하인들도 손바닥으로 예수님을 때렸습니다.

예수님의 이러한 고난은 예수님이 오시기 800여 년 전에 이사야 선지자가 예언한 것이었습니다.

이사야 선지자는 예수님의 이러한 고난을 설명했는데, 하나님 아버지와 아들 간의 약속에 따라서 하나님의 택한 죄인들의 죄 짐을 지시기 위한 것이라고 했습니다. 하나님은 택한 죄인들을 구원하시기 위해 그들의 죗값을 물어 하나님의 죄에 대한 진노를 담당할 화목 제물로서의 죽음이 필요하셨는데, 그것을 그리스도께 담당시켜 죄인들을 구속하신 것입니다.

이 예수를 하나님이 그의 피로써 믿음으로 말미암는 화목 제물로 세우셨으니 이는 하나님께서 길이 참으시는 중에 전에 지은 죄를 간과하심으로 자기의 의로우심을 나타내려 하심이니(롬 3:25).

죄인들을 구속해 그들의 죄를 속량하는 구원 사역은 오직 하나님만이 하실 수 있는 일입니다.

32
십자가의 죽음

▶ 어둠이 임함(눅 23:44)

　대제사장들과 장로들과 서기관들은 예수님을 빌라도에게 끌고 갔는데, 이는 예수님을 로마법으로 죽이려는 계획이었습니다. 그들은 로마법에 따라 십자가에서 예수님을 죽여 예수님이 저주받은 자라는 것을 증명하려고 했습니다.

　예수님은 처형장으로 끌려가셔서 죄인들과 함께 십자가에 못 박히셨습니다. 예수님의 죽음을 바라보면서 많은 사람이 그분을 모욕했습니다. 어떤 이는 희롱했습니다. 심지어 예수님 옆에서 십자가의 죽음을 맞이하던 강도도 예수님을 모욕했습니다. 이사야 선지자는 예수님의 죽음에 대해 자세히 예언했습니다.

> 그는 실로 우리의 질고를 지고 우리의 슬픔을 당하였거늘 우리는 생각하기를 그는 징벌을 받아 하나님께 맞으며 고난을 당한다 하였노라 그가 찔림은 우리의 허물 때문이요 그가 상함은 우리의 죄악 때문이라 그가 징계를 받으므로 우리는 평화를 누리고 그가 채찍에 맞으므로 우리는 나음을 받았도다 우리는 다 양 같아서 그릇 행하여 각기 제 길로 갔거늘 여호와께서는 우리 모두의 죄악을 그에게 담당시키셨도다(사 53:4-6).

더욱이 이사야 선지자는 예수님의 죽음이 여호와 하나님이 계획하신 일이며, 예수님은 이 일을 기꺼이 감당하셨고, 이는 자신의 영혼을 속죄 제물로 드리신 것이라고 했습니다.

> 여호와께서 그에게 상함을 받게 하시기를 원하사 질고를 당하게 하셨은즉 그의 영혼을 속건 제물로 드리기에 이르면 그가 씨를 보게 되며 그의 날은 길 것이요 또 그의 손으로 여호와께서 기뻐하시는 뜻을 성취하리로다(사 53:10).

마침내 예수님은 하나님의 택한 백성의 죄를 사하고 죄를 반드시 심판하시는 하나님의 공의를 충족시키기 위해 십자가에서 "다 이루었다"(요 19:30)라고 외치시며 물과 피를 다 흘리고 죽으셨습니다.

'다 이루었다'라는 말은 '내가 죗값을 다 치렀다', 즉 '사망이라는 죗값을 다 갚았다'라는 뜻입니다. 예수님의 대속적 죽음으로써 하나님의 택한 백성의 죄가 완전히 사해져 그들을 의롭다 하실 수 있게 된 것입니다. 이것이 바로 예수님이 성취하신 놀라운 구속 사건입니다.

> 이 예수를 하나님이 그의 피로써 믿음으로 말미암는 화목 제물로 세우셨으니 이는 하나님께서 길이 참으시는 중에 전에 지은 죄를 간과하심으로 자기의 의로우심을 나타내려 하심이니 곧 이때에 자기의 의로우심을 나타내사 자기도 의로우시며 또한 예수 믿는 자를 의롭다 하려 하심이라(롬 3:25-26).

구원은 삼위 하나님만이 하실 수 있는 신적 사역입니다. 성부 하나님은 창세전에 구원할 백성을 택하셨고, 택한 백성을 구속하기 위해 성자 예수 그리스도를 보내 십자가에서 죄를 위해 죽게 하심으로 구원을 성취하셨습니다.

또한 성취한 구원을 그분의 백성에게 적용시켜 구속의 은혜가 효력 있도록 하시기 위해 성령을 보내 중생의 씻음과 성령의 새롭게 하심으로 거듭나게 하십니다. 이는 전적으로 삼위 하나님만이 하시는 사역입니다. 따라서 구원은 오직 은혜로만 받을 수 있는 놀라운 중생의 사건입니다.

그리스도 예수 안에 있는 속량으로 말미암아 하나님의 은혜로 값없이 의롭다 하심을 얻은 자 되었느니라(롬 3:24).

진정으로 구원받은 백성은 그 누구도 자신의 혈통이나 육정이나 사람의 뜻으로 구원받은 것이 아니기에 자랑할 수 없을 뿐만 아니라, 자랑하지도 않습니다.

너희는 그 은혜에 의하여 믿음으로 말미암아 구원을 받았으니 이것은 너희에게서 난 것이 아니요 하나님의 선물이라 행위에서 난 것이 아니니 이는 누구든지 자랑하지 못하게 함이라(엡 2:8-9).

33
부활

▶ 무덤을 지키고 있는 천사(막 16:5-6)

예수님은 죽음의 권세를 이기고 3일 만에 부활하셨습니다. 예수님의 몸에 향품을 바르기 위해 무덤에 온 여자들에게 흰 옷을 입은 천사가 부활의 소식을 전했습니다.

청년이 이르되 놀라지 말라 너희가 십자가에 못 박히신 나사렛 예수를 찾는구나 그가 살아나셨고 여기 계시지 아니하니라 보라 그를 두었던 곳이니라(막 16:6).

그리고 제자들에게 갈릴리에서 예수님을 뵐 수 있으리라고 전하라고 했습니다.

제자들은 갈릴리로 가서 예수님을 만나 경배했습니다. 예수님은 하나님 아버지의 택한 백성을 구원하기 위해 자신이 모든 권세를 하나님 아버지께로부터 받았다고 말씀하셨습니다.

> 예수께서 나아와 말씀하여 이르시되 하늘과 땅의 모든 권세를 내게 주셨으니(마 28:18).

예수님이 가지신 권세로 인해 모든 사람은 예수님 앞에 무릎을 꿇고 은혜를 구해야 하며, 예수님을 '주'라고 불러야 합니다.

예수님을 믿지 않는 사람들은 자신들의 죄로 인해 심판을 받을 것이지만, 자신의 죄를 회개하고 그리스도께로 피하는 자는 구원을 받을 것입니다. 예수님은 하나님 나라의 완성을 위해 제자들에게 모든 민족에게 복음을 증거할 것을 분부하셨습니다.

> 너희는 가서 모든 민족을 제자로 삼아 아버지와 아들과 성령의 이름으로 세례를 베풀고 내가 너희에게 분부한 모든 것을

가르쳐 지키게 하라 볼지어다 내가 세상 끝날까지 너희와 항상 함께 있으리라(마 28:19-20).

예수님은 세상의 모든 민족 가운데 하나님이 택하신 백성을 구원하는 사역을 본격적으로 행하시는데, 제자들이 그들에게 가서 말씀을 전하고 가르칠 때 죄를 회개하고 그리스도를 믿는 역사가 있게 하시겠다는 말씀입니다.

그런데 이렇게 구원이 일어나는 것은 하나님 아버지께서 택하셨고, 아들이신 예수 그리스도께서 하나님의 택한 자들의 죄를 위해 십자가에서 죽으셨고, 예수 그리스도의 의를 그들에게 전가시켜 그 영혼에 적용시키시기 때문입니다.

예수님을 믿는 자들은 반드시 그리스도께서 명령하신 것을 지켜 행하는 자들이기 때문에, 예수님은 그들에게 복음을 부지런히 가르치라고 분부하셨습니다. 물론 예수님은 제자들이 가르칠 때 함께해서 가르침을 받는 자 가운데 실제로 구원이 일어나도록 일하겠다고 약속하셨습니다.

구약의 이스라엘 백성은 모든 민족에게 하나님을 나타내고, 그들로 하나님을 예배하게 해야 하는 사명이 있었지만 실패했습니다. 그래서 하나님은 예수님을 통해서 모든 민족이 하나님을 경배하는 방식을 정하신 것이었습니다. 이 방식은 결코 실패하지 않으며, 지금도 이 방식으로 구원받는 백성이 천하 만국에서 일어나고 있습니다.

34
승천과 등극

▶ 승천하시는 예수님(행 1:9)

예수님은 부활하신 후 40일 동안 제자들에게 하나님 나라에 대해 가르치셨고, 예루살렘을 떠나지 말고 성령을 기다리라고 말씀하셨습니다.

> 예루살렘을 떠나지 말고 내게서 들은 바 아버지께서 약속하신 것을 기다리라 요한은 물로 세례를 베풀었으나 너희는 몇 날이 못 되어 성령으로 세례를 받으리라(행 1:4-5).

그리고 성령이 제자들에게 임하시면 그들이 권능을 받아서 그리스도의 증인이 될 것이라고 말씀하셨습니다.

오직 성령이 너희에게 임하시면 너희가 권능을 받고 예루살렘과 온 유대와 사마리아와 땅끝까지 이르러 내 증인이 되리라(행 1:8).

이 말씀을 마치시고, 제자들이 보는 데서 구름 가운데 들려 하늘로 올라가실 때 천사들이 나타나 예수님이 반드시 다시 오실 것이라고 말했습니다.

갈릴리 사람들아 어찌하여 서서 하늘을 쳐다보느냐 너희 가운데서 하늘로 올려지신 이 예수는 하늘로 가심을 본 그대로 오시리라(행 1:11).

오순절 날이 이르러 제자들이 한곳에 모여 기도하는 가운데 예수님이 말씀하신 대로 성령이 그들 모두에게 강력하게 임하셨습니다.

오순절 날이 이미 이르매 그들이 다 같이 한곳에 모였더니 홀

연히 하늘로부터 급하고 강한 바람 같은 소리가 있어 그들이 앉은 온 집에 가득하며 마치 불의 혀처럼 갈라지는 것들이 그들에게 보여 각 사람 위에 하나씩 임하여 있더니(행 2:1-3).

이때 베드로가 일어나 십자가에서 죽으신 그리스도의 부활뿐만 아니라 하늘로 올라가셔서 하나님의 보좌 우편에 등극하심을 설교했습니다.

베드로는 예수님이 주로 등극하신 것은 다윗의 예언의 성취라고 말했습니다. 또한 그리스도께서 등극하신 증거는 그분이 성령을 아버지로부터 받아서 택한 백성에게 부어 주신 것, 즉 성령 강림에 대한 요엘 선지자의 예언을 들어서 설명했습니다.

하나님이 말씀하시기를 말세에 내가 내 영을 모든 육체에 부어 주리니 너희의 자녀들은 예언할 것이요 너희의 젊은이들은 환상을 보고 너희의 늙은이들은 꿈을 꾸리라 그때에 내가 내 영을 내 남종과 여종들에게 부어 주리니 그들이 예언할 것이요 또 내가 위로 하늘에서는 기사를 아래로 땅에서는 징조를 베풀리니 곧 피와 불과 연기로다 주의 크고 영화로운 날이 이르기 전에 해가 변하여 어두워지고 달이 변하여 피가 되리라 누구든지 주의 이름을 부르는 자는 구원을 받으리라 하였느니라(행 2:17-21).

사람들은 베드로의 설교를 듣다가 자기의 죄를 깨닫고, 하나님의 심판에 대한 두려움에 직면했습니다. 그러자 베드로는 그들에게 회개하고 주 예수 그리스도의 이름으로 세례를 받으라고 외쳤습니다. 그리고 죄 용서를 받는 길은 오직 그리스도를 믿는 것밖에 없다고 설교했습니다.

너희가 회개하여 각각 예수 그리스도의 이름으로 세례를 받고 죄 사함을 받으라 그리하면 성령의 선물을 받으리니(행 2:38).

그리스도께서 주로 등극하신 것은 하나님이 택하신 죄인들을 효과적으로 구원하시기 위한 방법입니다.

그리스도께서는 하나님의 말씀과 성령의 역사를 통해 죄인들을 구원하시는데, 하나님이 택하신 사람들이 모두 구원에 이를 때까지 하늘 보좌 우편에서 그 일을 계속 행하고 계십니다. 즉 그리스도께서는 지금도 하나님 나라의 완성을 위해 열심히 일하고 계십니다.

단숨에
읽는
구속사 救贖史

구속사로 간추린 성경 이야기

교회 시대의 가장 중요한 사건은 오순절 날에 있었던 성령 강림 사건입니다. 성령 강림은 갑자기 임한 예측할 수 없었던 사건이 아니라, 구속사의 진행 과정에서 구약의 선지자들이 예언했고, 예수님이 약속하신 것의 성취로서 일어났습니다. 성령 강림은 예수님의 구속 사역의 절정으로서, 단번에 성취하신 단회적인 사건이며, 이를 통해 교회가 설립되었고, 또한 구원이 공식적으로 이방인들에게도 활짝 열리게 되었습니다. "주는 그리스도시요 살아 계신 하나님의 아들이시니이다"(마 16:16)라는 신앙고백 위에 세워진 교회는 고난과 핍박을 견디면서 예수님이 다시 오셔서 천국을 도래시키실 때까지 구속사의 완성을 바라보며 땅끝까지 복음을 전하는 사역을 계속하고 있습니다. 지금 이 순간에도 하나님의 구속사는 그 끝, 즉 시간의 역사가 종결되고 우리의 영혼과 몸과 만물이 새롭게 되는 천국을 향해 진행되고 있습니다.

PART 5
교회 시대

35
교회의 시작

▶ 오순절 성령 강림(행 2:1-4)

오순절의 성령 강림과 사도들의 가르침으로 예수님을 구원자와 주로 믿는 자들이 일어났습니다. 예수님을 믿는 자들은 함께 모여 서로 교제하며, 기도하고, 하나님을 찬양했습니다.

이로 인해 "내가 이 반석 위에 내 교회를 세우리니"(마 16:18)라는 예수님의 말씀대로 예루살렘에 최초로 교회가 시작되었습니다. 교회의 머리는 그리스도이시며, 오직 그 이름으로만 구원받을 수 있습니다.

다른 이로써는 구원을 받을 수 없나니 천하 사람 중에 구원을 받을 만한 다른 이름을 우리에게 주신 일이 없음이라 하였더라(행 4:12).

사도들은 예수님이 부활하셔서 모든 만물을 다스리시며, 잃은 영혼을 구원하신다는 복음의 핵심을 설교했습니다. 사도들의 가르침은 유대인들에게는 충격이었으며, 대제사장들과 장로들과 서기관들은 그리스도의 부활 소식을 증거하지 못하도록 사도들을 위협했습니다. 그러나 그들은 이에 굴하지 않고 구원의 복음을 계속 증거했습니다.

구원의 도는 한마디로, 오직 그리스도의 십자가의 죄 사함과 부활의 능력으로 죄인들에게 그리스도의 의를 전가함으로써 죄인들이 오직 믿음으로 하나님 앞에서 의롭다 여김을 받을 수 있다는 진리입니다.

복음에는 하나님의 의가 나타나서 믿음으로 믿음에 이르게 하나니 기록된 바 오직 의인은 믿음으로 말미암아 살리라 함과 같으니라(롬 1:17).

36
사도들의 가르침

▶ 복음을 전파하는 사도들(행 2:14)

사도들은 구원의 도를 체계적으로 가르쳤는데, 이는 사람에게서 배운 것도, 받은 것도 아니라 예수님으로부터 받은 것이었습니다.

형제들아 내가 너희에게 알게 하노니 내가 전한 복음은 사람의 뜻을 따라 된 것이 아니니라 이는 내가 사람에게서 받은 것도 아니요 배운 것도 아니요 오직 예수 그리스도의 계시로 말미암은 것이라(갈 1:11-12).

사도들은 구원이 삼위 하나님의 구원 사역에서 온다고 강론했습니다. 하나님 아버지께서는 창세전에 구원할 자들을 택하셨고, 아들이신 그리스도께서는 십자가에서 죗값인 사망을 치르고 죽으심으로써 그분의 택한 백성의 죄를 사하는 구원을 성취하셨으며, 성령은 그리스도께서 성취하신 구원을 아버지 하나님이 택하신 자들의 영혼에 적용시켜 구원이 일어나게 하시는 것입니다.

사도들은 구원이 실제적으로 적용되는 성령의 역사를 '중생의 씻음'이라고 표현했습니다.

> 우리를 구원하시되 우리가 행한 바 의로운 행위로 말미암지 아니하고 오직 그의 긍휼하심을 따라 중생의 씻음과 성령의 새롭게 하심으로 하셨나니 (딛 3:5).

사도들은 죄인의 부패한 심령으로는 도무지 영적인 것을 이해할 수 없으며, 그리스도를 믿어야 할 필요성도 인식할 수 없기 때문에 반드시 성령으로 심령이 갱신되어야 한다고 가르쳤습니다. 그리스도를 믿는 것은 복음을 들을 때 성령의 역사로 그리스도에 대한 믿음과 확신이 생겨야만 가능하다는 사실을 강조했습니다.

구원의 이런 방식은 유대인이든 이방인이든 모든 사람에게 적용되는 진리였습니다. 따라서 단순히 그리스도에 대한 지식이 있어서 구원받는 것이 아니라, 성령이 영혼 위에 역사하셔서 실제로 믿는 역사가 있어야 합니다. 그래서 사도들은 그리스도를 가르치면서 사람들에게 성령의 역사가 있기를 간구했습니다.

그리스도를 믿는 것은 사람의 설득이나 자신의 의지적 결단으로 이루어지는 것이 아니라, 반드시 성령의 역사로 복음에 대한 지식을 들음으로써 영적으로 이해해야 하며, 양심이 중생되어야 하고, 의지의 갱신이 일어나야 하는 것입니다. 따라서 구원에 이르는 믿음이란 지식과 확신과 신뢰를 포함하는 전인격적 갱신입니다.

37
이방 선교

▶ 이방인 고넬료의 집에 간 베드로(행 10:24)

사도들이 주로 유대인들을 대상으로 예수님이 주님이시라고 가르칠 때, 하나님은 베드로에게 고넬료 가정에 가서 복음을 전하라고 명령하셨습니다. 베드로는 주저했지만 곧 순종해 고넬료의 집에 가서 복음을 전했습니다.

> 베드로가 입을 열어 말하되 내가 참으로 하나님은 사람의 외모를 보지 아니하시고 각 나라 중 하나님을 경외하며 의를 행하는 사람은 다 받으시는 줄 깨달았도다(행 10:34-35).

베드로가 설교하는 가운데 성령이 이방인들에게 임하시고, 그들이 회심하자, 그는 하나님이 유대인이나 이방인이나 똑같은 방식으로 구원하신다는 사실을 깨달았습니다.

그런즉 하나님이 우리가 주 예수 그리스도를 믿을 때에 주신 것과 같은 선물을 그들에게도 주셨으니 내가 누구이기에 하나님을 능히 막겠느냐 하더라 그들이 이 말을 듣고 잠잠하여 하나님께 영광을 돌려 이르되 그러면 하나님께서 이방인에게도 생명 얻는 회개를 주셨도다 하니라 (행 11:17-18).

하나님은 모든 민족의 하나님이시며, 모든 민족 가운데서 자신의 백성을 건지시는 분입니다. 그런데 그 당시 유대인들은 자신들만 하나님의 백성이라는 배타적인 생각에 빠졌는데, 하나님은 이러한 사고방식을 무너뜨리셨습니다.

제자들은 이방 땅을 두루 다니면서 예수 그리스도를 가르치다가 안디옥 지방에 이르렀습니다. 그곳에서 예수님을 증거했고, 그 결과 교회가 세워졌습니다. 역사상 처음으로 안디옥에서 예수 그리스도를 믿는 자들을 '그리스도인'이라고 부르기 시작했습니다.

바나바가 사울을 찾으러 다소에 가서 만나매 안디옥에 데리고 와서 둘이 교회에 일 년간 모여 있어 큰 무리를 가르쳤고 제자들이 안디옥에서 비로소 그리스도인이라 일컬음을 받게 되었더라(행 11:25-26).

안디옥 교회는 이방인들로 구성된 교회로서, 자신들과 같은 이방인들의 구원에 대해 열망을 가졌고, 바울과 바나바를 선교사로 파송했습니다.

바울은 예수님을 믿는 자들을 잡으러 다메섹으로 가는 도중에 예수님을 만난 뒤 이방인의 사도로 부름을 받았습니다.

이 사람은 내 이름을 이방인과 임금들과 이스라엘 자손들에게 전하기 위하여 택한 나의 그릇이라 그가 내 이름을 위하여 얼마나 고난을 받아야 할 것을 내가 그에게 보이리라(행 9:15-16).

그리고 바울이 소아시아 지역을 두루 다니면서 그리스도를 가르치자 믿는 자들이 일어나서 곳곳에 교회가 세워졌습니다. 심지어 바울은 로마 감옥에 갇혔을 때에도 그리스도를 가르쳤습니다.

바울이 온 이태를 자기 셋집에 머물면서 자기에게 오는 사람을 다 영접하고 하나님의 나라를 전파하며 주 예수 그리스도에 관한 모든 것을 담대하게 거침없이 가르치더라(행 28:30-31).

물론 바울의 가르침을 거부하고 반대하는 자들도 있었습니다. 그러나 세상 끝날까지 제자들과 함께하겠다고 약속하신 하늘 보좌 우편에 계신 그리스도께서는 계속되는 시대 속에서도 복음 사역자들의 가르침 위에 역사하셔서 구원받는 자들이 계속 일어나게 하고 계십니다.

예루살렘에서 시작된 그리스도에 대한 가르침은 유대와 사마리아를 거쳐서 로마 제국의 영토로 퍼져 나갔으며, 16세기 종교개혁 당시에는 전 유럽으로, 17세기에는 아메리카 대륙으로, 18세기에는 아시아 지역으로 계속 확장되었습니다. 그리고 19세기 이후 21세기까지 그리스도에 대한 가르침은 아프리카, 남아메리카, 아시아 전 대륙으로 확산되었습니다. 이는 그리스도께서 2천 년 전에 제자들에게 약속하신 것을 지금도 신실하게 실행하고 계시기 때문입니다.

예수께서 나아와 말씀하여 이르시되 하늘과 땅의 모든 권세를 내게 주셨으니 그러므로 너희는 가서 모든 민족을 제자로 삼아 아버지와 아들과 성령의 이름으로 세례를 베풀고 내가 너희에게 분부한 모든 것을 가르쳐 지키게 하라 볼지어다 내가 세상 끝날까지 너희와 항상 함께 있으리라 하시니라(마 28:18-20).

38
다시 오실 그리스도

▶ 최후의 심판 환상(계 20:11)

물론 그리스도의 복음이 역사 속에서 순탄하게 증거되고 전해진 것만은 아니었습니다. 이미 사도 시대에 그리스도인들과 전도자들은 많은 핍박 가운데 있었습니다. 세상 나라의 정부가 교회를 핍박했으며, 이로 인해 수많은 그리스도인이 순교했습니다.

사도 요한은 밧모 섬에 유배되었는데 그곳에서 그리스도께 계시를 받았습니다.

예수 그리스도의 계시라 이는 하나님이 그에게 주사 반드시 속히 일어날 일들을 그 종들에게 보이시려고 그의 천사를 그 종 요한에게 보내어 알게 하신 것이라 요한은 하나님의 말씀과 예수 그리스도의 증거 곧 자기가 본 것을 다 증언하였느니라 이 예언의 말씀을 읽는 자와 듣는 자와 그 가운데에 기록한 것을 지키는 자는 복이 있나니 때가 가까움이라(계 1:1-3).

그것은 그리스도께서 교회를 핍박하는 원수들을 반드시 심판하실 것이라는 메시지였는데, 핍박 가운데 있는 교회를 위로하고 소망을 주시기 위한 것이었습니다. 교회가 핍박 가운데 있을지라도 그리스도의 말씀은 결코 중단되지 않으며, 하나님의 나라가 완성될 때까지 계속 증거된다는 약속이었습니다.

그리고 그리스도께서 반드시 재림하셔서 그리스도인들과 교회를 핍박한 자들을 심판하시고, 복음을 거부하고 하나님의 계명을 어기며 경건하지 않은 삶을 산 자들을 심판해 영원한 형벌을 내리실 것을 말씀하신 것이었습니다.

예수 그리스도를 믿지 않는 자들은 그들의 행위대로 심판을 받아 둘째 사망, 곧 불이 활활 타서 고통당하지만 영원히 죽지 않는 불 못에 던져질 것입니다.

각 사람이 자기의 행위대로 심판을 받고 사망과 음부도 불 못에 던져지니 이것은 둘째 사망 곧 불 못이라 누구든지 생명책에 기록되지 못한 자는 불 못에 던져지더라(계 20:13-15).

생명책에 이름이 기록되지 못한 자들은 불 못에 던져질 것입니다. 또한 그들을 유혹해 죄에 빠지게 한 죄의 근원인 마귀도 불과 유황 못에 던져져 영원히 그곳에서 나오지 못하고 고통을 받게 될 것입니다.

또 그들을 미혹하는 마귀가 불과 유황 못에 던져지니 거기는 그 짐승과 거짓 선지자도 있어 세세토록 밤낮 괴로움을 받으리라(계 20:10).

그러나 생명책에 이름이 기록된 자, 즉 예수 그리스도를 구원자와 주로 믿어 자신의 육정이나 혈통이나 사람의 뜻이 아니라 오직 예수 그리스도를 믿음으로 말미암아 얻는 그리스도의 전가된 의로 하나님 앞에서 의롭다 여김을 받은 모든 신자는 새 하늘과 새 땅에 들어가 영원히 살 것입니다.

보좌에 앉으신 이가 이르시되 보라 내가 만물을 새롭게 하노라 하시고 또 이르시되 이 말은 신실하고 참되니 기록하라 하시고 또 내게 말씀하시되 이루었도다 나는 알파와 오메가요 처음과 마지막이라 내가 생명수 샘물을 목마른 자에게 값없이 주리니 이기는 자는 이것들을 상속으로 받으리라 나는 그의 하나님이 되고 그는 내 아들이 되리라(계 21:5-7).

그리고 예수님은 "내가 진실로 속히 오리라"(계 22:20)라고 말씀하셨습니다. 지금까지 기록한 이 책의 내용이 진리라고 믿는 자들은 이렇게 대답해야 할 것입니다.
"아멘 주 예수여 오시옵소서."

맺음말

성경대로 구원받자!

지금 이 책을 읽고 있는 한국 교회의 독자들에게 저희는 주 예수 그리스도의 이름으로 다음과 같이 권면합니다.

이 땅에 사는 동안 온 우주의 주인이시며, 인생의 주인이신 하나님을 모르는 것은 가장 큰 비극입니다. 자신이 하나님을 무시하고, 하나님의 계명을 어기고 살아왔다는 것을 인정하지 않는 것은 자신의 영혼을 가장 위험한 지경에 내모는 일입니다. 하나님은 죄인인 사람을 구원하시기 위해 역사 속에서 지금까지 계속 일해 오고 계십니다.

삼위일체 하나님, 즉 성부 하나님, 성자 예수 그리스도, 성령 하나님은 죄인을 구원하기 위해 구속 언약을 맺으셨습니다. 그리고 그 언약에 따라 성부 하나님은 구원받을 자들을 창세전에 택하셨고, 성자 예수 그리스도께서는 그들의 죄를 속하기 위해 십자가에서 대속의 죽음을 담당하셨으며, 또한 죽음의 권세를 이기고 3일 만에 부활해 구원을 성취하셨습니다. 이처럼 성취하신 구원을 성부의 택한 자들에게 유효하도록 하시기 위해 성부 하나님과 성자 예수 그리스도께서는 성령을 성도들의 심령에 보내셨습니다.

이것이 바로 삼위일체 하나님이 지금도 계속해서 진행하고 계시는 놀라운 구원 역사입니다.

이와 같이 구원은 삼위일체 하나님만이 계획하시고, 성취하시고, 적용시키시는 신적 사역입니다. 죄인인 우리는 다만 예수 그리스도를 믿음으로 말미암아 이 구원 사역의 수혜자가 될 뿐입니다. 따라서 구원은 전적으로 은혜입니다. 아무 공로나 값 없이 그분의 택한 백성에게 무조건적으로 부어 주시는 하나님의 불가항력적인 은혜입니다. 성경은 이를 하나님이 그분의 성도에게 "단번에 주신 믿음의 도"(유 1:3)라고 부릅니다.

만약 지금 이 시간 이 책을 읽고 있는 여러분에게 성경이 증거하고 선포하는 이러한 삼위일체 하나님의 구체적인 구원의 역사가 없다면 구해야 합니다. 더욱이 이 책에서 말하는 구원의 내용을 더욱 구체적으로 배우고, 또한 실제적으로 구원의 체험을 갖기 위해서는 성경을 잘 아는 목회자를 통해 구속사의 관점에서 성경을 열심히 공부하고, 성령이 역사해 주시기를 기도해야 합니다.

아무쪼록 이 책을 통해 하나님이 성도에게 단번에 주신 구원의 도를 바로 알아 확실히 구원받고, 이 세상 마지막 때에 이를 때 천국에 넉넉히 들어가는 여러분이 되시기를 간절히 소원합니다.

그러므로 형제들아 더욱 힘써 너희 부르심과 택하심을 굳게 하라 너희가 이것을 행한즉 언제든지 실족하지 아니하리라 이같이 하면 우리 주 곧 구주 예수 그리스도의 영원한 나라에 들어감을 넉넉히 너희에게 주시리라(벧후 1:10-11).

사명선언문

너희가 흠이 없고 순전하여……세상에서 그들 가운데 빛들로
나타내며 생명의 말씀을 밝혀 _ 빌 2:15-16

1. 생명을 담겠습니다
만드는 책에 주님 주신 생명을 담겠습니다.
그 책으로 복음을 선포하겠습니다.

2. 말씀을 밝히겠습니다
생명의 근본은 말씀입니다.
말씀을 밝혀 성도와 교회의 성장을 돕겠습니다.

3. 빛이 되겠습니다
시대와 영혼의 어두움을 밝혀 주님 앞으로 이끄는
빛이 되는 책을 만들겠습니다.

4. 순전히 행하겠습니다
책을 만들고 전하는 일과 경영하는 일에 부끄러움이 없는
정직함으로 행하겠습니다.

5. 끝까지 전파하겠습니다
모든 사람에게, 땅 끝까지, 주님 오시는 그날까지
복음을 전하는 사명을 다하겠습니다.

서점 안내

광화문점 서울시 종로구 새문안로 69 구세군회관 1층
02)737-2288 / 02)737-4623(F)

강남점 서울시 서초구 신반포로 177 반포쇼핑타운 3동 2층
02)595-1211 / 02)595-3549(F)

구로점 서울시 동작구 시흥대로 602, 3층 302호
02)858-8744 / 02)838-0653(F)

노원점 서울시 노원구 동일로 1366 삼봉빌딩 지하 1층
02)938-7979 / 02)3391-6169(F)

분당점 경기도 성남시 분당구 황새울로 315 대현빌딩 3층
031)707-5566 / 031)707-4999(F)

일산점 경기도 고양시 일산서구 중앙로 1391 레이크타운 지하 1층
031)916-8787 / 031)916-8788(F)

의정부점 경기도 의정부시 청사로47번길 12 성산타워 3층
031)845-0600 / 031) 852-6930(F)

인터넷서점 www.lifebook.co.kr